신국 일본의
어처구니없는
결전생활

하야카와 타다노리 지음 | **송태욱** 옮김

서커스

머리말

　1944년 12월, 당시 가장 많이 읽혔던 여성 잡지 《주부지우
主婦之友》는 느닷없이,

　　"미국인을 쳐죽여라"

라는 슬로건을 비롯하여 이와 유사한 슬로건을 모든 홀수 페
이지 왼쪽 상단에 인쇄했습니다. 권두 특집은 「이것이 적이다!
야수 민족 미국」이었으며, 이 잡지의 인기 연재 만화였던 스기
우라 유키오杉浦幸雄의 「하나코 씨 일가ハナ子さん一家」도 이 호
는 「타도 미귀 편打倒米鬼の巻」이었습니다. 여성 잡지가 이렇게
까지 살인을 마구 부추겨대는 모습에 직면하고 저는 깜짝 놀
랐습니다.

　사실 이 '미국인을 쳐죽여라' 캠페인은 《주부지우》 편집부
가 독자적인 취재에 기초하여 시작한 것은 아니었습니다(본문

369쪽 참조). 전황은 이미 패색이 짙어졌고, 사이판·티니안·괌의 함락으로 일본 본토에 대한 공습이 임박해 있던 1944년 10월 6일, 당시의 고이소 쿠니아키小磯国昭 내각은 내각회의에서 '결전 여론 지도 방책 요항決戦輿論指導方策要綱'을 결정합니다. 그것은 신민의 '투혼'을 북돋우기 위해 여론을 조작하여 더한층 '적개심을 부추기도록' 보도 기관을 '지도'하는 것에 목적이 있었습니다.

그중에서도 '적개심'에 대해서는 "미영米英 지도자의 야망이 이번 전쟁을 유발한 사실을 해명하고 또한 미영인의 잔인성을 실례를 들어 보여주며, 특히 이번 전쟁에서 그들이 저지른 포학한 행위를 폭로"하라고 매스컴에 명령합니다. 그러나 갑자기 이런 명령을 받는다고 해도 각 매스컴은 기사화할 내용이 없었습니다. 그래서 대정익찬회大政翼贊会[1] 조사부가 해외에서 들어온 정보나 미국에서 귀환한 자의 수기 등을 모아 국민에게 '적개심'을 부추기기 위한 소재로서 작성한 것이『(극비) 일억 분개 미영 격퇴 운동 자료(秘) 一億憤激米英撃摧運動資料』였습니다. 이 비밀 자료의 내용을 충실히 추적하며 《주부지우》를 비롯한 당시의 매스컴과 출판사는 '미영인의 잔인성'을 맹렬하게 강조하는 캠페인을 전개했습니다.

전시하의 일본에서 대중용 출판물은 대부분 모든 내용이 전의戦意 고양을 위한 프로파간다로서의 성격을 가졌고, 직간접적으로 제국 정부의 지도하에 있었다고 해도 과언이 아닙니다. 특히 일본 본토에서 후방의 일상생활은 '사상전'의 주요 전장으로 평가되어 여름방학 숙제부터 결혼, 출산, 장례식의 방식에 이르기까지―이른바 '요람에서 무덤까지'―그리고 '일어나서 잠들 때까지' 온갖 세부에 '신국 일본'의 이데올로기적 선전·선동과 정치적 통제가 침투해 있었습니다.

이 책에서는 "신은 세부에 깃들고(……), 신국 일본은 휴지 조각이나 다름없는 헌책에 깃든다"는 신념에 기초하여 '대동아전쟁(태평양전쟁)'[2] 전후, 당시의 잡지·광고·전단지가 독자에게 침투시키려고 했던(대일본제국 신민에게 어울리는) 의식·감성·도덕·사상의 일단을 표본화하는 것을 목표로 했습니다. '대동아전쟁'하의 총동원 체제가 저지른 같잖은 것, 알아봐야 별 도움이 안 되는 것, 인류의 운명에는 아무래도 상관없는 것을 엄선하여 수집했습니다. 그럼으로써 광신적인 결전을 담당한 결전하의 대일본제국의 모습을, 우리의 가까운 미래에 찾아올지도 모르는 디스토피아의 상상도로서 현실성과 함께 떠올릴 수 있지 않을까 생각합니다.

제1부 「성스러운 야스쿠니신사」에서는 야스쿠니신사를 둘러싼 기사를 모았습니다.

제2부 「일본은 좋은 나라」에서는 국민가요 〈일본은 좋은 나라〉를 필두로 '소국민'이라 불린 군국 일본의 어린아이들을 둘

귀축미영鬼畜米英을 타도하라

"귀축이나 다름없는 미영 병사의 수법을 선생님으로부터 들을 때마다 어린 마음에도 울분을 풀 길이 없어 구마모토시 하나조노국민학교의 아동들은 학부형회에서 만들어준 적병의 짚 인형을 교정으로 가져와 목검, 왜장도 등으로 차례로 심한 타격을 가하자 어리지만 가슴이 후련해졌습니다."《사진주보写真週報》제265호, 1943년 3월 31일

진짜가 아니라 짚 인형을 혼내주고 가슴이 후련해지는 것이 일본 민족의 아름다운 전통이겠지요, 아마도.

러싼 다양한 담론을 다룹니다.

제3부 「칭송하라, 팔굉일우」에서는 대일본제국의 새로운 도판에 더해진 대륙이나 남양南洋의 여러 지역을 후방에서는 어떤 시선으로 보았는지를 살피겠습니다.

제4부 「이겨내는 결전 생활」에서는 후방의 여성들에게 교육이나 육아, 취사나 피복 등 가정생활이라는 측면에서 어떻게 전시동원이 이루어졌는지를 축으로 관찰합니다.

제5부 「모든 것은 승리를 위해」에서는 1937년의 '국민정신총동원' 운동으로 시작하여 일상생활의 구석구석까지 전쟁 의식 고양의 이데올로기가 흘러넘치게 된 상황을 다룹니다.

제6부 「언령의 전쟁」에서는 신국 일본의 종교적 신념에서 시작하여 '영령'의 장례식은 결단코 신도神道의 의식으로 해야 한다는 '충령공장론忠靈公葬論' 등 광신적인 담론을 중심 내용으로 다룹니다.

자, 여러분, 디스토피아 일본에 오신 것을 환영합니다!

차례

제2부 일본은 좋은 나라

제3부 칭송하라, 팔굉일우

신국 일본의
어처구니없는
결전생활

일러두기

1. 이 책은 하야카와 타다노리(早川タダノリ)의 『神国日本のトンデモ決戦生活』(合同出版, 2010)를 완역한 것이다.
2. 사이시옷은 발음과 표기법이 관용적으로 굳어져 있는 경우를 제외하고는 가급적 사용을 지양했다.
3. 일본어 'ち'와 'つ'는 철자의 위치에 상관없이 '치'와 '츠'로 표기했다.
4. 일본 인명의 경우 성 다음의 이름이 파열음 ㅋ, ㅌ, ㅍ으로 시작될 경우 그대로 표기했다. 단 성의 경우는 ㄱ, ㄷ, ㅂ으로 표기했다.
5. 일본 고유명사 표기는 음독의 경우 관용적으로 굳어진 경우를 제외하고는 일본어 한자음을 사용하지 않고 가급적 우리 한자음대로 적었다.
6. 시대적 배경에 대한 이해를 돕기 위해 옮긴이가 주를 달았다. 저자가 단 주는 내용 뒤에 '필자 주'라고 표시했다.

'애국 이로하 가루타'
일본소국민문화협회는 1941년 정보국의 주도하에 결성된 어용 문화단체. 아동문학을 비롯하여 온갖 장르의 창작자가 동원되었다. 애국 이로하 가루타3는 그 활동 성과 중 하나. 가루타의 그림은 이 외에도 몇 가지 버전이 있다. 재단법인 일본소국민문화협회 제정, 재단법인 일본완구통제협회, 1943년 12월 10일

제1부

성스러운 야스쿠니신사

오호, 야스쿠니신사

도쿄의 구단자카九段坂 위에 커다란 청동 도리이鳥居⁴가 높이 서 있습니다. 그 안쪽에 근사한 신사가 보입니다. 그것이 야스쿠니신사입니다.

— 제5기 국정교과서『초등과 수신』4

도쿄 구단九段에 있는 야스쿠니신사는 1869년에 창건되었다. 무려 246만 6,532명의 신을 모시는, 일본에서도 아주 드문 신사다. 이만큼의 신이 있으니 그 영력이 무시무시해서 평소에는 신을 두려워하지 않는 일본의 수상이나 국회의원들조차도 얼떨결에 불려가고 마는, 아시아의 여러 나라에도 잘 알려져 있는 유명한 심령 지점이다.

야스쿠니신사의 도리이가 그려진 전쟁 전의 50전짜리 지폐

야스쿠니신사에는 천황을 위해, 나라를 위해 진력하다 돌아가신 수많은 충의忠義한 사람들이 모셔져 있습니다. (앞의 책)

이 신기한 힘의 원천은 메이지유신 이래의 전쟁에서 죽은 사람들이 이 신사에 신으로 모셔져 있기 때문이라고 여겨진다.

전쟁에서 죽으면 야스쿠니신사에 모셔진다, 천황과 황후 두 폐하께서도 참배를 해준다, 하는 것이 대일본제국의 약속이었다. 다만 전쟁에서 죽은 사람 전원이 아니라 어디까지나 천황 측에서 싸우다 죽은 사람뿐이기 때문에 앞으로 모셔지고 싶은 사람은 주의하는 것이 좋다.

1941년부터 패전까지 국민학교에
서 사용된 『초등과 수신』 교과서

우리는 천황 폐하의 은혜를 감사하게 생각하고 동시에 여기에
모셔져 있는 사람들의 충의를 배워 천황을 위해, 나라를 위해 진
력해야 합니다. (앞의 책)

바로 죽은 자가 산 자를 불러들이고 산 자는 죽은 자에 이
어 "천황을 위해, 조국 일본을 위해 생명을 바칠" 것을 맹세하
는, '죽음의 연쇄' 장치로서의 야스쿠니신사의 기능이 훌륭하
게 그려져 있다. 야스쿠니가 있는 한 이 연쇄는 멈추는 일이 없
다. 전쟁을 한 사람이나 앞으로 전쟁을 하고 싶은 사람이나 아

'국채 저금'의 광고
《부인5구락부6婦人倶樂部》 1943년 11월호 뒤표지, 대일본웅변회강담사大日本雄辯會講談社

직 전쟁 중이라고 생각하는 사람들에게 야스쿠니신사라는 존
재는 기쁘기 그지없는 것이다.

야스쿠니신사의 영령에 바치는 글 대모집!

대일본웅변회강담사의 3대 간판 잡지였던 《소녀구락부》 《소년구락부》 《유년구락부》는 1944년 1월호에 모두 '야스쿠니신사의 영령에 바치는 글'을 모집하는 광고를 냈다. 육군성, 해군성, 군사보호원 등 군부의 후한 후원으로 기획된 일대 익찬翼贊[7] 기획이었다.

1944년의 이 기획은 제6회에 해당하는 듯하다. 방위성 방위연구소에 보존되어 있는 「'야스쿠니신사의 영령에 바치는 글' 모집 후원 건」(1941년 11월 1일)이라는 서류에 강담사 측의 기획 프레젠테이션 자료가 철해져 있었다. 그것에 따르면 1941년 1월에 세 잡지 합동으로 모집했을 때 13,968명이 응모했다고 한다. 대단한 야스쿠니 작문 열기라 아니할 수 없다. 기획서에는,

이 작문 모집의 목적은 소년·소녀들로 하여금 그 감상을 적음으로써 야스쿠니 영령에 대한 감사의 마음을 깊어지게 하고 동시에 애국심을 더욱 불러일으켜 소국민으로서 진력해야 할 길을 자각하게 하여 차세대의 일본을 이어 가야 할 큰 책임을 체득하게 하는 데 있습니다.

하고 그 목적을 기탄없이 말하고 있다. "영령에 대한 감사"라는 아이들의 감성은 출판사의 군부에 대한 아첨으로 형성되어 갔던 것이다.

1944년 1월호 《소녀구락부》에 게재된 모집 요강에 따르면 "다음과 같은 사항에 대해 조용히 생각하고 자신의 신변에 있었던 일 중에서 가장 쓰기 좋은 것을 골라주세요"라는 설명에 이어 다음과 같은 작문의 과제가 주어져 있다.

○ 자신이 알고 있는 영령을 그리워하는 글
○ 영령을 맞이했을 때의 감상문
○ 야스쿠니신사에 참배했을 때의 감상문, 또는 읍내나 마을의 위령제, 초혼제 때의 감상문
○ 자신이 감탄하고 있는 유족, 그 유족에 대한 자신의 각오

한 사람이 한 편을 내는데 1,500자 이내이고, 첫머리에 '봉

《사진주보》 제252호, 정보국 엮음, 내각인쇄국 발행, 1942년 12월 23일

납문'이라는 글자를
반드시 쓰게 되어
있다. 이는 응모된
모든 작품을 '야스
쿠니신사의 영령 앞
에 헌납'하기 위해
서였다. 지금도 야
스쿠니신사 어딘가

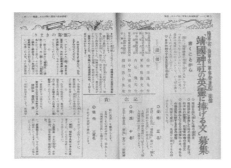

《소녀구락부》 1944년 1월호

에 엄청난 작문 더미가 보관되어 있을지도 모른다.

'야스쿠니 정신'으로 죽자!

『야스쿠니 정신靖国の精神』, 제목에 이끌려 무심코 손에 든 이 책의 면지에는 붓글씨로 "동생이 보내왔다, 이즈미出水의 하늘에서, 스즈키 ××"라고 쓰여 있었다. 가미카제 특공대의 기지가 된 이즈미 해군 항공대에서 출격을 기다리는 형에게 보내졌을 것이다. 군신이 되려는 형에 대한 선물이 『야스쿠니 정신』이었다니. 이 형제의 드라마에 먼저 말문이 막혔고 본문을 펴보고 다시 말문이 막혔다.

야스쿠니 정신이란 결코 전쟁 때 한 병사만이 가지는 군인 정신이 아니다. 전시든 평시든 언제 어떤 때든 모든 일본인이 반드시 견지해야 하는 정신, 그것이 야스쿠니 정신이다. (……) 야스쿠니란 나라를 수습하고, 나라를 진정시키고, 나라를 걱정하는

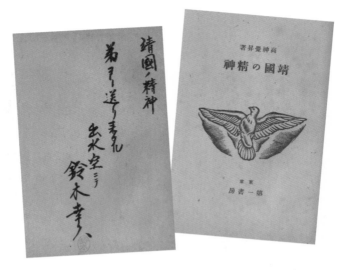

다카가미 카쿠쇼, 『야스쿠니의 정신』, 제일출판第一書房, 1942의 속표지

정신이다. 따라서 야스쿠니 정신이란 곧 다이와大和의 정신이다.
(……) 더구나 다이와의 정신이란 기미가요君が代의 마음이고 히
노마루日の丸의 마음이다.

느닷없이 잘 알 수 없는 전개가 이어진다. 이것저것 할 것 없
이 "야스쿠니 정신" 안에 쳐넣고 있다. 그건 그렇다 하더라도
"히노마루의 마음"이라니, 이 또한 기묘한 것에 '마음'이 깃든
것이다. 흡사 츠쿠모가미付喪神[8]다. 그렇다면 "히노마루의 마
음"이란 무엇일까?

《사진주보》 제294호, 1943년 10월 20일

《요미우리 사진판》 제912호, 요미우리
신문사, 1943년 5월 30일

　바꿔 말하면 '천양무궁天壤無窮[9]'과 '팔굉일우八紘一宇[10]'의 정
신이다.

　기미가요·히노마루의 마음을 다른 말로 하면 '팔굉일우'의
정신이었다는 말인가? 뭐라고! 어딘가의 교장 선생님이 '기
미가요'의 '기미君'는 'You'를 뜻한다고 핏대를 올리며 말했
는데!

우리 일본인은 이 야스쿠니 정신을 단단히 가슴에 품고(……),
죽어야 할 경우에는 생긋 웃으며 죽어간다(……), 자신의 육체는
죽어도 그 혼, 그 생명은 언제까지나 천양무궁의 국가와 함께 영
원히 사는 것이다.

이는 거의 '죽이겠다'는 세계다. 순국 정신과 영원한 생명을
결합시킨 가공할 만한 죽음의 철학이다. '야스쿠니신사'라는
신을 만드는 제도가 개인의 생명과 국가적 생명체, 즉 '무궁한
황국皇國'과의 일체화를 매개한다는 구조다. 기껏해야 창건한
지 70년도 안 된 야스쿠니신사가 이렇게까지 종교적 정열의
대상이 되다니, 새삼 경악스럽다.

저자 다카가미 카쿠쇼高神覚昇(1894~1948)는 베스트셀러
『반야심경 강의般若心經講義』로 알려진 고명한 불교학자다. 그러
나 이런 억지를 쓰는 사람 자신은 결코 사지로 가지 않는다. 나
로서는 다카가미 선생에게 '언행일치'와 '솔선수범'을 건의하
고 싶은 바다.

벚꽃이 필 때까지 안녕히 계세요

1944년도 '야스쿠니신사의 영령에게 바치는 글' 대회에서 우등으로 뽑힌 사람은 세 명의 소년·소녀였다. 그중에서도 국민학교 초등과 1학년인 나구모 쿄코南雲恭子의 작문 「아버지께」가 독자의 심금을 울렸다.

아버지, 쿄코는 아버지께 편지를 쓰는 것이 너무나도 기쁩니다. 아버지가 먼 전장에서 돌아가신 지도 벌써 7년이나 되었습니다.

(……)

얼른 커서 어머니를 도와드리고 싶습니다. 몸이 약하기 때문에 좀 더 건강해지고 여자 군인이 되어 아버지의 원수를 갚겠습니다.

벚꽃이 피면 어머니가 야스쿠니신사에 데려가줍니다. (……)

벚꽃이 피어 아버지를 만나게 되기를 기대하고 있습니다. (……)

벗꽃이 필 때까지
안녕히 계세요.

이 유명한 "벗꽃이 필 때까지"의 구절은, 야스쿠니 헌납 작문 운동에서도 손에 꼽을 만한 명문일지도 모른다. 국민학교 초등과 1학년이라는 것은 나구모 쿄코가 여섯 살이나 일곱 살이라는 뜻이다. '아버지'가 전사한 지 7년이 되었다고 쓰여 있으니 그녀는 사진으로밖에 아버지를 만나보지 못했을 것이다. 그렇다고 해도 지금의 초등학교 1학년 정도의 여자아이에게 "여군이 되어 아버지의 원수를 갚겠습니다"라고 쓰게 하는 문화는 역시 이상하다.

전국에서 '야스쿠니 유아遺兒'11가 모여 야스쿠니 신사에 참배했다. 사진은 오키나와현에서 온 유아들. 《사진주보》 제266호, 1943년 4월 7일

"전황이 엄중해진 것을 감안하여" 1944년에는 전국에서 유아를 모으는 일이 중지되었고 '궁성총요배宮城總遥拜'와 '호국신사 참배'로 대체되었다.
《사진주보》 제316호, 1944년 4월 12일

　나구모 쿄코의 이 글과 함께 '우등'으로 뽑힌 또 한 명의 남자아이는 같은 해 4월 4일, 야스쿠니신사에서 열린 '야스쿠니신사의 영령에게 바치는 글' 헌납 봉고제奉告祭에 참가하여 신전을 향해 작문을 읽어 참례한 군인들을 감격시켰다고 《소녀구락부》 1944년 5월호가 전하고 있다. 당시 야스쿠니신사의 신관神官 스즈키 타카오鈴木孝雄 예비역 육군 대장을 면담하고 "몸이 튼튼하고 마음이 깨끗한, 훌륭한 일본인이 되어라"라는 고마운 훈시까지 들었다고 한다.

아울러 '우등'의 상품은 '책상'과 '액자에 들어간 야스쿠니신사의 사진'이었다. '차석'은 '벼룻집'과 '야스쿠니신사의 사진'이었다. '야스쿠니신사의 사진'이 가치 있는 시대였던 것이다.

군신도, 관음도, 천사도, 야스쿠니로

《주부지우》라고 하면 전시에 어처구니없을 정도로 도가 지나친 기사를 잔뜩 실은, 부인을 위한 아주 멋진 잡지였다. 애석하게도 2008년 휴간하고 말았지만, 당시에는 연간 수백만 부를 자랑하던 초일류 여성지였다.

이 《주부지우》에 이따금 부록으로 나온 것이 '주부지우 애국 그림책'이다. 12페이지짜리 소책자의 본문은 아름다운 다색으로 인쇄돼 있어 눈에도 즐겁다. 『빛나는 황군(육군 편 · 해군 편)』『벚꽃의 일』『국화꽃 향기』등 유쾌한 제목이 늘어선 가운데 더한층 독자의 뜨거운 눈물을 쏟게 한 것으로 보이는 소책자 부록이 여기에 소개하는 『야스쿠니의 꽃』이다.

'바다의 군신 히로세 중령' '육지의 군신 다치바나 대대장' '하늘의 군신 난고 대위' '전차의 군신 니시즈미 대위' 등 '수신' 교과서에 실려 있어 친숙한 신들이 줄줄이 나오는 군국 미담 그림책인데, 여성지인 만큼 충군애국 여성을 두루 살피는 일도 빠뜨리지 않는다.

『야스쿠니의 꽃』, 《주부지우》 1939년 5월호 부록, 주부지우사主婦之友社

이 소책자에는 종군 간호사 미담 두 개가 소개되어 있다. 하나는 '중일전쟁支那事変' 중에 난징의 야전병원 전염병동에서 근무하다 콜레라에 걸려 쓰러진 「백의의 관음觀音 다케우치 키요코竹内喜代子」 미담이고, 또 하나는 러일전쟁 중 눈보라 치는 다롄大連 부두에서 부상병을 병원선에 옮기는 일을 계속하다 병으로 쓰러진 「병원선의 천사 오쿠마 요시코大熊よし子」 미담이다.

이와 관련하여 말하자면 '병원선 천사'의 최후는,

"저는 나라를 위해, 목숨을 바쳐 하늘에 기도했는걸요"라고 웃으며 신의 나라로 여행을 떠났습니다.

하고 웃으며 죽은 것으로 되어 있다. 군국 미담에서 약속된 사

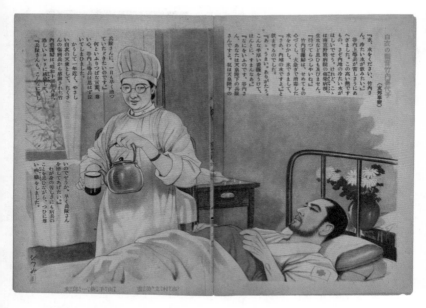

전장에서 콜레라에 걸려 죽은 「백의의 관음 다케우치 키요코」 기사. 아무튼 다케우치 간호사의 얼굴이 무서운 게 인상적이다.

항이기는 하지만, 임종 때의 말까지 들어둔 것이 대단하다, 아마도 창작이겠지만. 아울러 본문은 모두 작가 야마테 키이치로山手樹一郎(1899~1978)가 집필했다. 『모모타로자무라이桃太郎侍』로 잘 알려져 있는 시대소설의 대가도 전시에는 이런 일을 한 모양이다.

대가라 하더라도 종군 간호사에게는 '군신軍神'에 필적하는 호칭이 떠오르지 않았던 모양인지 '백의의 관음' '병원선의 천사'라고 대충 칭호를 붙여준 것이 슬프다. '관음'이며 '천사'까지 야스쿠니에 모셔졌다고 하는, 신학적으로 기괴한 사태가 일어나고 있네, 라는 쓸데없는 걱정이 들고 만다. 적어도 야스쿠니신사의 신 정도는 '젠더 프리'로 해주면 좋을 텐데.

야스쿠니 열녀 오쿠마 요시코 여사의 변모

인류의 미래에서 보면 전적으로 아무래도 좋은 일이지만, 그래도 역시 '병원선의 천사' 오쿠마 요시코 여사가 마음에 걸린다. 군신 히로세 중령이라면 어떤 책을 봐도 "스기노! 스기노는 어디 있어!"라는 유명한 문구가 따라 나오기 마련이지만, 오쿠마 여사의 마지막 말 "저는 나라를 위해, 목숨을 바쳐 하늘에 기도했는걸요"가 심하게 마음에 걸린다.

이런 군신 애국 미담은 과도한 각색이 덧붙여지는 것이 보통인데, 약간 장난스러운 소녀 소설에 나오는 이 대사가 다른 문건에서는 어떻게 변주되었을까 하고 야스쿠니 관계의 책을 찾다가 드디어 오쿠마 요시코 여사에 대한 기술을 발견했다.

『야스쿠니 열녀전靖国烈女伝』(야스쿠니열녀유덕현창회靖国烈女遺德顯彰会 엮음). 애써 얻은 오쿠마 요시코 여사의 초상이 지

오쿠마 요시코 여사의 초상, 『야스쿠니 열녀전』

독하게 수정을 당해 상당히 무서운 얼굴이 되어 있는 것이 슬프다. 이 책의 3장 「러일전쟁 편」을 보면 "구호선救護船의 꽃으로서 용감하게 산화한 열녀"라는 칭호를 붙이고 오쿠마 요시코 여사에 대한 이야기가 게재되어 있다. 『야스쿠니의 꽃』은 1939년에 간행되었고 『야스쿠니 열녀전』은 1941년에 간행되었기 때문에 양자를 비교하며 군신 미담의 변화를 따라가보자.

오쿠마 여사가 군국 미담으로 떠받들어진 계기는 자신의 목숨과 맞바꿔 뤼순旅順 함락을 신에게 빌었던 데 있었다.

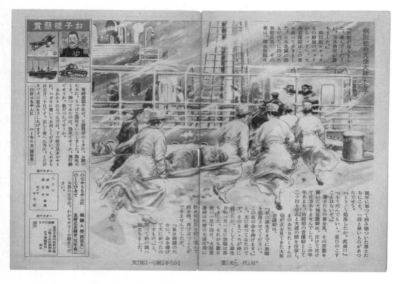

『야스쿠니의 꽃』에서의 「병원선의 천사 오쿠마 요시코」 기사. 이 삽화에서는 오쿠마 여사가 누구인지 알 수 없다.

뤼순이 함락되게 해달라, 그걸 위해서는 내 생명을 바쳐도 아깝지 않다, 하고 그녀는 매일 밤 신에게 기도했다. 지금 그 보람이 있었던 것이다! 자신이 태어난 날과 같은 1월 1일에 그 뤼순이 함락되다니!

―『야스쿠니 열녀전』

뤼순 함락과 함께 신은 약속대로 오쿠마 여사의 목숨을 노린 모양이다. 병을 얻어 죽어가는 오쿠마 여사. 드디어 최후가 다가온다. 그녀의 마지막 말은 이랬다고 한다.

"저는 나라를 위해, 목숨을 바쳐 하늘에 기도했는걸요" 하고 웃으며 신의 나라로 여행을 떠났습니다.

—『야스쿠니의 꽃』

병세가 다시 악화되어 그녀는 또 병상에 드러누운 몸이 되었다. 그리하여 예전에 병원선의 꽃 오쿠마 요시코는 다가오는 휴전도 기다리지 못하고 처녀의 꽃으로 졌다.

—『야스쿠니 열녀전』

어찌 된 일인가, 그 대사는 보기 좋게 삭제되어 있는 게 아닌가. 게다가 "신의 나라로 여행을 떠"나지도 않는다. 『야스쿠니 열녀전』의 필자는 야마테 키이치로 버전을 곁눈질하며 쓴 것이겠지만, 지나치게 잘 만들어진 최후의 말을 전면적으로 삭제하고 담담하게 병상의 추이를 따라가는 것으로 그친 것 같다. 이것도 하나의 견해일 것이다.

야스쿠니 유아의 가난 미담

야스쿠니신사라는 곳은 지독하게 탐욕스럽고 효과적인 전의戰意 앙양 시스템이군, 하고 새삼 감탄하게 되는 점이 아주 많다. 전사자의 유품·유서는 물론이고, 유족의 눈물에서부터 '조약돌' '벚나무 가로수'까지 온갖 아이템을 체내에 집어넣고, 아무리 시대가 변해도 단 하나의 목적, 즉 '일본인을 성전에 동원하는 것'을 위해 각종 아이템을 미디어에 뿌린다.

그 좋은 예가 '군인원호회장상軍人援護會長賞에 빛나는 유아遺兒의 감격 좌담회'(《주부지우》 1940년 12월호)다. 주부지우사가 기획한 제1회 '씩씩한 야스쿠니 유아 표창'의 표창자 여덟 명이 전국에서 모여 아버지가 전사한 후의 고생담을 담담하게 이야기하는데, 오열할 만큼 궁핍한 생활이다.

『야스쿠니신사 참배 기념사진첩』(군인원호회, 1941)에서. 전사자의 유아들이 야스쿠니신사를 참배하는 모습. 내지(일본 본토)는 물론이고 오키나와 조선, 사할린에서도 유아들을 불러 모았다.

동이 틀 때까지 어머니의 부업을 돕는다 / 어리지만 어머니를 돕는다 / 병든 조부모를 대신하여 일가를 짊어진다 / 돌아가신 아버지를 대신하여 가업에 힘쓴다 / 종군 간호사를 꿈꾸며 분투 / 자전거를 타고 단골집 돌기 / 솔선하여 신사 참배·용사를 위문 / 바쁜 어머니를 대신하여 모든 가사를 담당

제목만 봐도 눈물이 나는 비참한 이야기이지만 이 아이들의 인터뷰도 대단하다.

『야스쿠니신사 참배 기념사진첩』에 첨부되어 있던 야스쿠니신사의 문 앞에서 찍은 기념 사진. "지바현"이라고 쓰여 있는 것으로 보아 지바에서 온 유아들일 것이다.

예컨대 고故 육군 보병 기타모토 사부로北本三郎의 둘째 딸 사치코幸子는 이렇게 말한다.

저희 어머니는 봉투를 붙이는 부업을 하고 있습니다. 약이나 화장품, 화초의 씨앗을 넣는 봉투를 밤늦게까지 열심히 붙입니다. (……) 처음에는 모자에 장식을 다는 부업을 했는데 작년 5월 21일, 가와사키川崎의 헤이켄지平間寺로 참배하러 간 후에 이웃집 에서 불이나 저희 집도 다 타고 말았습니다.

집까지 다 타버린 끔찍한 불행이다. 이렇게 고달픈 생활인데도 이 얼마나 순수하고 착한 아이인가! 하며 《주부지우》 독자들은 틀림없이 피눈물을 흘렸을 것이다.

야스쿠니 가난 미담은 모두 "야스쿠니에 신으로 잠든 돌아가신 아버지의 명예를 욕보이지 않는 훌륭한 일본인이 되겠습니다"라는 결의로 수렴된다. 유아들은 영령이 된 아버지가 야스쿠니에서 보고 있다는 것을 마음의 버팀목으로 삼고 꿋꿋하게 살아간다는 스토리이지만, 이런 심리 상태는 야스쿠니신사가 있는 한 틀림없이 살아남을 것이다.

그런데 이러한 갖가지 유아 미담은 '대동아전쟁'의 패색이 짙어가고 전사자가 늘어나 유아들의 수가 늘어나는 것에 반비례하여 게재되는 빈도도 적어진다. 아버지를 전쟁에 빼앗긴 일은 이제 특별한 예가 아니라 일반적인 체험으로 변했기 때문일 것이다. 이 또한 참혹한 이야기이지만 말이다.

'아버지를 만나러 왔습니다' 계열의
야스쿠니 유족들

1942년 4월 24일, '대동아전쟁' 개전 이래 첫 야스쿠니신사 임시 대제臨時大祭가 거행되었다. 그 전날의 '초혼식招魂式'에서 합사된 것은 '만주 사변'의 전몰자 1,343명, '중일전쟁'의 전몰자 1만 8,644명, 초대된 유족 중 참례자는 3만 여 명에 이르렀다.

이 임시 대제는 5일에 걸쳐 거행되었는데, 전몰자가 더욱 늘어난 1943년에는 6일(초혼식을 포함하면 일주일)에 걸친 거대한 국가적 의식이 되었다.

일본 본토는 물론이고 조선·타이완 등의 식민지나 만주국에서 전몰자 유족들이 초대되었다. 임시 대제를 극명하게 기록한 『야스쿠니신사 임시 대제 기념사진첩』(육군 측량부 촬영)을 보면 오토리이大鳥居에서 신사의 문을 빠져나가 배전拜殿[12]

어쩐 일인지 노획 전투기가 유족의 머리 위를 시위 비행. 《사진주보》 제244호, 1942년 10월 28일

「아들은 구단九段의 어린 벚나무」, 《사진주보》 제270호, 1943년 5월 5일

앞까지 굵은 자갈 위에 멍석이 깔려 있고 유족들이 그 위에 빽빽이 무릎을 꿇고 단정하게 앉아 있다. 첫날부터 비가 온 1942년 가을의 임시 대제에서는 유족들이 가문家紋을 넣은 예복인 하카마[13]가 흠뻑 젖은 채 황공해하며 무릎을 꿇고 앉아 있는, 상당히 비참한 사진이 실려 있다. 그런 상황인데도 불평하는 사람이 아무도 없었다니, 무시무시한 야스쿠니의 영적 권위에 감탄했다.

전국에서 참례한 유족들에게는 숙소가 할당되고 도쿄 관광 등도 준비되어 있었다. 유족 위안소로서 가부키자歌舞伎座, 메

유족들의 '목소리'를 늘어놓은 「야스쿠니신사 앞에서 듣는다」
《사진주보》 제219호, 1942년 5월 6일

이지자明治座, 유라쿠자有楽座, 제국帝国극장, 도쿄 다카라즈카宝
塚극장 등이 개방되어 유족들은 무대 공연을 즐기고 황거皇居,
니주바시二重橋에서 메이지신궁 외원明治神宮外苑, 세이토쿠기념
회화관聖徳記念絵画館, 메이지신궁 등 판에 박힌 도쿄 관광 코스
를 돌았던 듯하다.

　그렇다고 해도 지리를 전혀 모르는 도쿄에서 길을 잃는 사
람이 속출했다. 당시의 신문(《아사히신문》 1942년 4월 23일
자)에는,

외출에 주의할 것

1. 지방에서 온 유족은 교통신호에 그다지 익숙하지 않기 때문에 잘 분간하여 '빨간불'일 때는 절대 건너지 말 것.

2. 짐은 언제나 숙소에 보관하고 시내 구경을 할 때는 들고 다니지 말 것.

3. 전차, 버스 등에는 황급히 타고 내리지 말 것.

4. 외출할 때는 반드시 대일본부인회 회원의 안내로 행동하고 혼자 멋대로 돌아다니지 말 것.

이라며 시골 사람이라고 바보 취급하는 주의 사항이 실려 있는 형편이다.

임시 대제 초대 유족의 무임승차권

야스쿠니신사 임시 대제에 초대된 유족의 교통비는 기본적으로 대일본제국이 부담하고 외지에서 오는 유족에게는 선박 할인증(관부[시모노세키~부산] 연락선 등)이나 만철(남만주철도) · 선철(조선철도)의 우대 '승차권' 등이 지급되었다. 당시의 신징新京(현재의 창춘長春) 대사관에서 작성한 '야스쿠니신사 관계 문서철'(외무성 외교자료관 소장)에는 만철에 보낸 철도 우대 '승차권' 발행이나 유족에 대한 '내지內地[14] 철도 승차증' 송부를 외무성에 문의하는 수많은 문서가 남아 있다.

재만 특명 전권대사　우메즈 요시지로梅津美治郎
야스쿠니신사 임시 대제 참례유족에 관한 건
야스쿠니신사 임시 대제 참례유족에 대한 내지의 철도 승차증

↑ 야스쿠니신사 제신祭神 유족 철도 승차증
왼쪽 난에 출발지를 써넣으면 도쿄와의 왕복 승차권이
되었던 모양이다. 뒷면에는 '주의 사항'으로서 "이 증은
야스쿠니신사 임시 대제 참례유족 기장을 패용하고 유
족 증명서를 휴대하는 경우에만 유효합니다"라고 쓰여
있다. 침대권, 특급권, 자동차 승차권은 별도로 구입할
필요가 있지만, 유효기간 중이라면 도쿄 '시내'에서는
자유롭게 타고 내릴 수 있었다. 요컨대 야스쿠니가 발행
한 자유이용권이었던 셈이다. "이 증은 기념으로 갖고
돌아가주세요"라고도 쓰여 있다. 지방에서 올라온 유족
에게는 잊을 수 없는 야스쿠니의 선물이 되었을 것이다.

교부 방법에 관해서는 누차 보내온바, 뒤에서 말한 사유에 따라
내지의 철도 승차증(4명분) 반송 및 만철 철도 승차증(1명분)을
송부합니다. 이를 귀로의 승차증으로 교부하는 것이 옳을 것 같으
니 번거롭겠지만 조치를 취해주셨으면 해서 말씀드립니다.

—1941년 10월 8일, 도요타 외무대신께,
「야스쿠니신사 임시 대제 참례유족에 관한 건」

이 문서에 따르면 뭔가의 이유로 불필요하게 된 철도 승차

앞 페이지의 승차증이 들어
있던 봉투

1944년 봄의 임시 대제 풍경
《사진주보》 제319호, 1944년 5월 3일

증은 대사관이 일일이 이유를 설명하며 반송한 모양이다. 참으로 친절한 일이 아닐 수 없다.

　그런데 철도 우대증을 반송한 사람은 네 명이다. 한 사람은 스물여덟 살의 남성으로, 내지의 본가에 들르기 위해 "우리 대사관에 연락하지 않고 펑톈奉天(현재의 선양瀋陽)에서 출발했"기 때문이다. 또 한 사람은 스무 살의 남성으로, 내지용 '무임

승차권'이 도착하기를 기다리고 있었으나 '무임승차권'이 없는 채 펑텐을 출발하고 말았다는 것이다. 나머지 두 명은 조선을 경유(관부연락선을 이용해)한 상경을 예정하고 있었지만 중앙 관청에서 보내온 '무임승차권'은 니가타를 경유하는 것이어서 신징 대사관이 준비해준 "만철 및 선철 승차 구간의 변경에 맞지 않아" '무임승차권'을 이용할 수 없게 되었기 때문에 반송한다는 것인 듯하다.

아울러 내지에서 출발 날짜에 빠듯하게 보내온 '무임승차권'은 무려 항공 우송이다(!). 아무리 각종 문서와 함께 넣어 보내온 가벼운 것이라 하더라도 대단한 우대라 하지 않을 수 없다. 야스쿠니에 관계된 일이라면 재외 대사관은 여행사에서나 해야 할 일까지 떠맡은 것인데, 이런 일은 일본사 교과서에 절대 실리지 않을 것이다.

야스쿠니 임시 대제 참례유족에 대한 사상 조사

1941년 4월 17일에 경시청 경무부장이 외무성 동아국장에게 보낸 이런 문서가 있다.

야스쿠니신사 임시 대제 참례유족의 신원 조사 건 조회

다가오는 25일 야스쿠니신사 임시 대제 집행 때 이에 참례하는 유족(만주국 및 중화민국 재주자)의 신원 조사에 관해서는 앞서 육군성 부관으로부터 조회가 있었다고 생각하지만, 그 조사 결과에 관해서는 경호상 주의를 요하는 자의 유무 모두(만약 있을 때는 그 주소, 씨명, 연령 및 그 내용을 구체적으로) 번거로우시더라도 직접 우리 쪽에도 통보해주시면 조회하겠습니다.

(······)

1. 소행에 주의를 요하는 자가 아닌지

Worthip of military　　拜參の軍陸　　靖國神社大祭

「육군의 참배」, 「야스쿠니신사 임시 대제 실황」 그림엽서 세트

1) 정신병자가 아닌지
2) 평소 불평불만을 품고 있어 상신上申이나 건백서建白書를
　쓸 염려가 없는지
3) 그 밖에 경호상 주의를 요하는 자가 아닌지
2. 유족에 대한 하사금을 둘러싸고 가정 분쟁을 일으키고 악화
　시키는 자가 아닌지

아무리 '명예로운 유족'이라고 치켜세워도, 실은 유족들에
대한 대일본제국의 시선은 이만큼 시의심으로 가득 찬 것이었

「칙사勅使의 알현」, 「야스쿠니신사 임시 대제 실황」 그림엽서 세트

다는 사실을 잘 알 수 있는 조사 항목이다. "유족에 대한 하사금을 둘러싸고 가정 분쟁을 일으키고 악화시키는 자가 아닌지" 등 가정의 비밀스러운 부분까지 조사하라고 하는 것이라 가공할 만한 경찰국가라고 하지 않을 수 없다.

1939년 봄의 임시 대제에 참례한 유족의 선물로 배포된 그림엽서 세트

이 요청에 기초하여 재외공관은 현지 경찰을 시켜 외지에서 참례하는 유족의 신원 조사에 광분했다. 유족의 사상 경향에서부터 가정 사정까지 조사

한, 정면으로 프라이버시를 침해한 조사 결과 보고서가 팩스도 인터넷도 없는 시대에 상당한 경비를 들여 바다를 건넜던 것이다. 현인신現人神인 천황 앞에서 무슨 일이 일어나는 것을 막는다는 관료적 자기 보신保身이 그 원동력이었다 하더라도, 대일본제국의 통신 인프라는 광신적인 바보 같은 문서로 넘쳐났을 것이다. 온갖 국가 기관을 동원하여 야스쿠니 의례를 바로 '신국神國 일본'에 어울리게 유지·거행하기 위해 이토록 이상한 정열과 경비가 소비되었던 것이다.

야스쿠니의 성모자상

야스쿠니신사를 둘러싼 유명한 아이콘의 하나로, 영령의 아내와 어린아이를 그린 '성모자상聖母子像'이 있다.

그중에서도 대표적인 것이 《주부지우》 1941년 5월호의 권두에 「빛나는 대면」이라는 제목으로 게재된 그림이다. 작자는 기토 나베사부로鬼頭鍋三郎(1899~1982)라고 되어 있다.

기토 화백의 이 역작은 야스쿠니신사의 어용 납품 상품으로서 차례로 다시 태어난다. 1941년 10월의 야스쿠니신사 추계 임시 대제에서 유족에게 배포된 기념 그림엽서에는 이 성모자상이 등장했다. 거의 반년의 사이를 두고 야스쿠니 공식 회화로 인정받은 모양이다.

이 임시 대제에서 합사된 것은 만주사변의 전몰자 497명, 중일전쟁의 전몰자 1만 4,516명이다. 엄청난 숫자다.

야스쿠니신사 대제 기념 그림엽서,
1941년 10월

《주부지우》 1941년 5월호 권두의 그림

　미술사가인 와카쿠와 미도리若桑みどり도 이 그림에 대해 "이
도상은 나그네 앞에 나타나는, 일어선 모습의 성모자상과 합치
하고 있기 때문에 일종의 기념비적인 성격을 획득하고 있다"
(『전쟁이 만드는 여성상』)[15]라고 감개무량하게 썼다.

　그만큼 정곡을 찌르는 구도였을 것이다. 그 이듬해(1942년)
봄 임시 대제 그림엽서는 모자母子 부분이 훌륭하게 모사되어
다시 등장했다. 작자는 도미나가 켄타로富永謙太郎인데, 어머니
품에 안긴 어린아이의 옷도 같은 것으로 봐서 상당히 전면적

야스쿠니신사 대제 기념 그림엽서, 1942년 4월

인 유용이다. 이쪽 모자는 아무래도 두 번째 도리이를 지나 신
사의 문 앞으로 온 것일까. 기토가 그린 것은 아직 오토리이가
보이고 오무라 마스지로大村益次郎 동상까지는 가지 않은 것으
로, 설정으로는 조금 걸어간 것으로 보인다.

　이렇게까지 노골적으로 반복되면 아무리 '성모자상'의 왕도
라 하더라도 다소 식상한 기미인데, 약간 이상하다고 생각하지
않을 수 없다. 두 화백 모두 완전한 상상으로 그린 것이 아니라
면 공통의 모델이 있었던 것은 아닐까. 모델이 있었다고 한다

면 그것은 야스쿠니신사, 내각 정보국, 대정익찬회大政翼贊会 선전부, 주부지우사 편집부, 그 어느 곳의 관리하에 '야스쿠니의 모자상'용 촬영회 또는 스케치회가 개최되었던 모양이라고 추측해볼 수 있다. 야스쿠니의 성모자상의 대량 배포에는 배후의 주최자가 있다고밖에 생각되지 않는다.

치마저고리 차림으로 야스쿠니신사에 참배하는 반도(식민지 조선)의 모자. "임시대제에 달려간 5만 명의 유족 중에서 유달리 눈에 띈 사람인 반도 부인 우미야마 교쿠렌海山玉蓮 씨의 영예로운 모습"이라는 캡션이 달려 있다.

'봉송가 야스쿠니신사의 노래' 봉납식

야스쿠니신사 '유취관遊就館'의 선물 코너에서는 「야스쿠니
신사의 노래靖国神社の歌」라는 CD를 팔고 있다. 〈바다에 가면海
ゆかば〉에서부터 〈도쿄예요, 어머니東京だよおっ母さん〉까지 야스
쿠니신사와 연고가 있는 명곡 34곡을 담은, 야스쿠니 마니아
에게는 아주 그만인 CD 한 장이다.

이 CD에 들어 있는 〈야스쿠니의 노래〉는 1940년에 주부지
우사가 일반 공모하여 멋지게 입선한 호소부치 쿠니조細渕国造
의 가사에 육해군 군악대가 합동으로 작곡한 곡이다.

해 뜨는 곳(일본)의 빛에 비쳐
진충의 웅혼 모시는
궁의 기둥 두껍고 찬연하다

1940년 10월 14일, 주부지우사 주재로 열린 이 노래의 봉납식奉納式은 부슬부슬 비가 내리는 가운데 도쿄음악학교의 남녀 학생 100여 명의 합창과 육해군 군악대 60여 명의 연주로 '아주 엄숙하게' 거행되었다. 사진 속 여학생의 머리가 모두 새까맣고 파마를 한 사람이 아무도 없다는 사실에 새삼 놀라게 된다. 《주부지우》 1940년 12월호

아아, 천황 폐하께서 배례하시는

영광의 궁 야스쿠니신사

태양의 깃발 단호히 지키고

그 목숨 나라에 바쳐

대장부의 영혼이 잠든다

아아, 국민이 배례하며 칭송하는

공훈의 궁, 야스쿠니신사

보국의 피에 타올라

산산이 흩어지고 야마토 여성의

맑은 영령이 쉰다

아아, 동포의 감사는 향기롭다

벚꽃 피는 궁, 야스쿠니신사

축복을 주는 신의 영혼이 행복을 가져와

높고 빛나는 지붕

황국은 영원히 신성하다

아아, 일억이 받들고 기도하는

나라를 지키는 궁, 야스쿠니신사

이를 보면 우파 정치가가 기회가 있을 때마다 입에 담는 야스쿠니 예찬 대사의 소스는 이게 아닌가, 하고 김이 새는 것 같다. 야스쿠니 신앙의 내용은 전전戰前부터 현재까지 하나도 변하지 않은 것이다. 아울러 당시는 춘계·추계에는 칙사가, 임시 대제에는 천황·황후가 참배하는 것이 당연했지만, '그 현인신조차도 우리 아버지를 참배해주시는 건가, 황송하구나!' 하는 약속이 야스쿠니 신앙을 유지하고 재생산해가는 큰 요점 가운데 하나였던 것 같다.

조의에 대한 감사장의 본보기

전몰자의 장례식에 찾아오는 조문객은 놀랍게도 '조사弔辭'라는 명목으로 일장 연설을 했던 모양이다.『성전하의 식사와 인사집聖戰下の式辞と挨拶集)』(청년웅변장려회靑年雄弁獎励会 엮음, 문영당文英堂, 1939)에서는 '위령제에서의 전우에 대한 조사' '전몰 육군 장병을 애도하는 글' '전사한 해군 영령에게 바치는 글' '청년단 대표의 조사' '촌민 대표의 조사' 등의 연설 실례가 풍부하게 준비되어 있었다.

특히 노모는 아들이 출정한 이래, 일본인의 신체는 천황 폐하에게 바친 것, 명예롭게 전사하는 것은 일본인의 자랑이자 남자의 본디 소망이라는 의미의 말을 이웃 사람들에게 늘 이야기했다고 들었기에 저는 그 심중을 헤아리고 더욱 애절한 마음을 금할 수

『성전하의 식사와 인사집』

없습니다. (……)

우리 제국이 오늘날 세계의 열강과 어깨를 나란히 하기에 조금도 손색이 없는 국가가 된 배경에는 수많은 소중한 충신·의사義士의 희생이 있었습니다. 앞으로도 일단 유사시에는 상당한 희생자를 필요로 하게 되겠지요.

이렇게 '제2, 제3의 희생자'를 예고해대는 데에는 기가 막힐 뿐이다.

조문객이 이런 멋대로 된 연설을 하는 것에 대해 유족 측은 어떻게 답했을까.『신체제하의 연설 식사 인사新体制下の演説式辞挨拶』(시노하라 유타카篠原豊, 내외출판사內外出版社, 1941)에는 유족 측에서 쓰는 감사장의 본보기가 실려 있다.

이번 전쟁에 동생 아무개가 ○○에서 전사한 것에 대한 정중한 조위弔慰를 표해주신 데 대해 참으로 감사하고 영광으로 생각합

「신체제하의 연설 식사 인사」

니다. (……) 다행히 제국 군인으로서의 본무를 다한 것은 본인도 만족할 것이고, 저희 또한 조상에 대해, 또한 두터운 정을 베풀어 주신 여러분에 대해 변명이 서는 일이라고 생각하고 있습니다.

이렇게 된 이상 일가 일동이 동생 아무개의 영혼을 위로함과 동시에 더욱더 성전하의 장기 건설의 국책에 따라 후방 국민으로서의 본분을 다함으로써 군인의 유족으로서 그 명예를 더럽히지 않아야 한다고 다짐하고 있습니다.

다케우치 테루요竹内てるよ, 「야
스쿠니의 어머니를 기린다」, 《집
의 빛家の光》 1942년 4월호, 산
업조합중앙회

　역시 편지 쓰는 방법을 다룬 책이니만큼 묘하게 깨끗이 정
리되어 있다. 감정의 표출은 극력 억제하고, 제국 군인으로서
의 명예와 후방 국민으로서의 임무를 쓰며 무난히 마쳤다고
해야 할까. 관점을 바꾸면 유족으로서의 슬픔을, 이 편지에 무
엇이 빠져 있는가 하는 측면에서 읽어내라는 것일지도 모른다.

영령을 맞이하는 '인사'

대일본제국에서는 '영령'이라 불리는 전사자의 정령을 맞이하기 위한 고도로 발달한 의례가 당시 사람들에 의해 행해졌다. 이는 '인사'라 불렸는데, 대일본제국이 근대적 전쟁에 참가하는 것과 동시에 '영령'이 폭발적으로 증가했기 때문에 '인사'할 기회도 많아졌다. 당시 여성들이 많이 읽었던 잡지《부인구락부婦人俱樂部》1939년 1월호 부록 『바로 도

『바로 도움이 되는 문답식 신실용 예의 범절』

움이 되는 문답식 신실용 예의범절』에서 소개하고 있는 용례를 보자. 대화 장면은 '전사자의 유족에게는 뭐라고 인사하면 좋을까'다.

이번에 ×× 씨가 용감하게 전사한 것은 정말 명예로운 일이라고 생각합니다. (……) 곧 호국의 신으로 야스쿠니신사에 모셔지는 명예를 차지하게 될 거라고 생각합니다. 아무쪼록 몸조심하십시오.

이때는 일본의 일반적인 장례 의례에 대해 우리가 배워온 "얼마나 애통하십니까?"나 "얼마나 상심이 크십니까?"라는 위로의 말은 강력하게 금기시된다. 앞의 부록에서는 그 이유를 이렇게 말한다.

원래 국가를 위해 전사한 것이므로 군인의 숙원이고 더할 나위없는 명예이니 "축하합니다"라고 말하는 것이 고인을 가장 칭송하는 일이 됩니다.

'축하한다ぉ目出度う'는 것은 대일본제국에서 경사로울 때 쓰는 말로, '행복하다'와 '어수룩하다', 즉 머리가 좀 이상하다는 두 가지 의미가 있다. 전사란 제국 군인에게 행복한 일이므로

전몰 병사의 귀환, 『바로 도움이 되는 문답식 신실용 예의범절』의 삽화

경사스러운 일로 여겨졌다. 전사를 행복으로 감각하는 것이란 세계적으로 봐도 상당히 진기한 풍습이고, 무척 근대적인 전쟁을 담당하는 군사 조직을 다루는 관념이라고는 믿기 힘들다.

그러나 이는 어디까지나 겉으로 드러내는 마음이라 불리는 이중 사고의 산물이고, '명예로운 전사'라고 해도 근친자의 죽음이라는 데는 변함이 없다. 또한 조문객 측에서 봐도 "축하합니다"라고 말하는 데는 상당한 심리적 곤란함이 요구되었다. 이 부록은 다음과 같이 이어진다.

("축하합니다"라고) 말하기 힘든 경우에도 (⋯⋯) '명예'라는 말은 반드시 해야 합니다. (⋯⋯) 그 밖의 일에서도, 이 경우는 유족에게 '영광스러운 전사다' '명예로운 전사다'라는 긍지를 가질 수 있는 의미의 말을 해야 하고, 결코 슬프게 하는 말을 해서는 안 됩니다.

이런 특이한 관습은 지금도 일본의 일부에 남아 있는데, 매년 8월 15일에 야스쿠니신사에서 그 편린을 관찰할 수 있다.

군국의 어머니 표창식

"나라를 위해, 집안을 위해, 아이를 위해, 남편을 위해 오로지 인고와 헌신의 생애를 보내오신 군국의 영예로운 어머니들", 이런 암울한 인고의 생애를 보낸 어머니들을 '군국의 어머니'로서 표창하고 일본 여성의 귀감으로 삼는다는 것이 주부지우사의 일대 기획 '군국의 어머니 표창식'이었다.

1943년 1월호 《주부지우》 지상에서 표창된 '군국의 어머니'는 17명이었다.

젊어서 남편을 잃고 죽을힘을 다해 일하며 아이를 훌륭한 군인으로 키워낸 어머니, 남자아이 다섯을 모두 비행병으로 키워 네 명이나 전사 혹은 순직하게 한 항공 일본의 어머니, 남겨진 단 한 명의 아이를 태아 때부터 해군 장교로까지 키워내고 잠수함 승조원으로서 대동아의 바다에 바친 진충盡忠의 어머니 등등 차례로 소개되는 군국의 어머니들이 이룬 고귀한 업적, 고상한 모습에, 아아 이것이야말로 일본 어머니의 진정한 모습이라며 참석자 일동은 그저 감읍의 눈물을 흘릴 뿐이었습니다. 표창을 받은 어머니들도 그동안 밟아온 인고의 생애가 새삼 떠오르는지 노쇠한 어깨를 들썩이며 울었습니다.

이것이 표창 당일의 모습이었던 듯하다.

그녀들의 대표로서 인사한 사람이 "남겨진 단 한 명의 아이를 태아 때부터 해군 장교로까지 키워내고 잠수함 승조원으로 대동아의 바다에 바친 진충의 어머니", 히다카 야스日高ヤス(49세) 씨였다.

악성 인플루엔자로 쓰러진 남편은 "만약 남자 아이가 태어나면 나와 같은 군인으로 키워줘"라는 말을 남기고 세상을 떠났다. 임신 중이었던 야스 씨는 소학교 교사를 하며 여자 혼자의

《주부지우》 1944년 2월호에 게재된 '군국의 어머니' 표창 캠페인 광고

힘으로 외아들을 열심히 키
웠다. 이윽고 아들이 아버지
의 유언대로 "크면 천자님의
군인이 될 거야. 육군 대장이
될 테야"라고 말하기 시작했
다. 드디어 해군병 학교에 입
학, 1942년 1월 제2차 하와이
의 진주만 공격 때 전사했다
고 한다. 이 히다카 부인의 수
상 인사가 굉장히 강렬했다.

데라우치 만지로寺内萬治郎 그림, 「바다
에 가면」, 《주부지우》 1943년 10월호

저희는 그저 아이를 나라의 아이로서 지키고 키워온 것에 지나
지 않습니다. 그 아이들이 대동아의 육지와 바다와 하늘에서 늠름
한 육탄이 되어 돌진하는 모습을 떠올릴 때, 정말 이렇게 훌륭하
게 자라주었다고 그저 감사한 마음에 눈가가 젖어듭니다.

당신은 그렇게 고생해서 키운 자식이 '육탄'이 되어 좋습니
까, 하고 진지하게 캐묻고 싶은 심정이다.

아무튼 군국의 어머니의 아이들은 태어났을 때부터 '나라의
것'이고, 성장하면 '육탄'이 되고, 죽고 나서는 '호국의 영령'이
되어 그 인생을 국가에 의해 수탈당한 것이다.

일본 부도의 암흑
—군국의 어머니 경쟁

당시 가장 널리 읽혔던 여성 잡지인 《주부지우》가 패전에 이르기까지 몇 번이고 되풀이한 군국의 어머니 표창 캠페인 '일본 부도婦道의 빛' 시리즈는 회를 거듭함에 따라 더욱 강렬하고 처참한 것이 되었다. 그것은 특별히 전황이 악화해서가 아니라 사람들의 눈물샘을 더욱 자극시킬 수 있는 이야기를 찾아 주부지우 편집부가 뛰어다녔기 때문이다. 얼마 후 이 연재는 자신이 낳은 아이들 중에서 나라에 목숨을 바친 아이는 몇이나 되는지를 자랑(?)하는 비율 경쟁이 되었다.

예컨대 '넓은 하늘의 어머니'라는 칭호가 주어진 스미하라 모토住原モト 씨의 경우(《주부지우》 1943년 3월호), 사랑하는 아들 다섯이 모두 비행병이 되었다.

스미하라 모토 씨와 아들들

둘째는 야간 비행 연습 중에 추락사

셋째는 지린성吉林省에서 추락사

넷째는 연습생을 태우고 훈련 비행 중에 추락사

다섯째는 버마 북부 국경 공격에 기장으로 출동 중에 쓰러져 전사

기사가 게재된 시점에 생존한 것은 장남인 스미하라 마사카즈住原正一 항공 대위 한 사람뿐이다. 바로 영화 〈라이언 일병 구하기〉와 흡사한 상황이라 하지 않을 수 없다. 그녀의 장남도 전쟁이 끝날 때까지 살아남았는지는 확실하지 않다.

이런 경우, 대일본제국은 주도면밀하게 미디어를 동원하여 동정을 모으는 데 빈틈이 없었다. '네 아들 순국의 영광'을 대대적으로 발표하고, 도조 히데키東條英機의 부인은 조전弔電을 보냈으며, 여학생들은 "저도 어머님 같은 일본의 어머니가 되겠습니다"라는 편지를 보내고, 후쿠오카현의 어느 철공소 종업원 일동은 '350엔'이라는 거금을 보내는 등 "국민의 감격과 존경 그리고 애도는 여사의 한 몸에 모였다"고 한다. 야스쿠니 신사를 통치 시스템으로 편입한 신국神國 일본은, 죽은 자의 이용법에 대해서는 옛날부터 고도의 기술을 갖고 있었던 것이다.

그 밖에도 "다섯 명의 아이를 모두 해군 군인으로 키워낸 어머니"(1944년 4월호), "두 아이를 대동아전쟁에 바치고 여섯 명의 손자를 양육하며 부지런히 흙과 싸우는 이와부치 유리 여사"(1945년 1월호), "네 아들을 해군 군인으로 키운 군국의 어머니 이와타 히모 여사"(1945년 2월호) 등 일일이 열거할 수 없을 정도다. 아이를 적게 낳는 현대에서 보면 용케 그 만큼의 아이를 낳아 군대에 보냈다는 생각이 든다. 아무튼 '낳아라, 늘려라'라는 슬로건을 충실히 이행하면 어떤 '군국의 어머니'가 될 수 있을까, 그런 "기대되는 '애 낳는 기계'상"은 이런 군국 미담과 함께 형성되었을 것이다.

데라우치 만지로 그림, 「바다에 가면」, 《주부지우》 1943년 10월호

'야스쿠니 아내'들의 정조 문제

아버지가 전사한 후에도 씩씩하게 살아가는 유아遺兒들이 거국적으로 칭송되는 한편, 남편을 잃은 아내들에게는 훌륭한 '야스쿠니 아내'로 계속 남아 있을 것이 엄격하게 요구되었다.

1939년 제국재향군인회본부가 간행한 『군국 가정독본─다잡아라, 마음軍国家庭読本 締めよ、こころ』은 제목부터 단적인 것처럼 '야스쿠니 아내'들의 생활 태도를 힘껏 다잡기 위해 작성된 팸플릿으로, '기대되는 군국 부인상'을 직접적으로 표현하고 있다. 그중에서도 상당한 양이 할애되고 있는 것이 '야스쿠니 아내'들의 '정조 문제'였다. 같은 팸플릿의 마지막 장은 '일본 부덕婦德으로 돌아가라'는 제목으로 혼자가 된 아내들의 정조를 어떻게 지킬 것인가에 할애되었다.

『다잡아라, 마음』

사이조 야소西条八十 글 · 다나카 히사라田中 比佐良 그림, 『전선과 후방의 꽃다발』 부분. 《주부지우》 1937년 12월호. 후방의 아내와 전장의 남편이 서로 '그리워'하고 있는 모습을 하나의 화면에 나란히 그린 몽상적인 작품

여성 본연의 미덕인 철저한 사랑은, 자칫하면 일면적으로 맹목적이고 열광적이며 편협해질 우려가 있습니다. 일시적인 사랑에 빠져 영원한 행복을 잃거나 또는 어떤 사람을 편애하는 사례가 없지 않습니다. (……) 시시한 정욕이나 일시적인 감정에 좌우되는 일이 많습니다. 이 편협하고 열광적인 사랑은 여성으로서 가장 삼가야 하는 것입니다.

여자가 시시한 정욕에 좌우된다는 철저한 여성 멸시관에 기초한 그들은 '야스쿠니 아내'라는 대의명분을 내세우며 여성들을 속박하려고 한 것이다. 이러한 '도덕'의 강제는 "이상적으로는 평생을 독신으로 보내는 것이 지당" "친형제나 사회가 조금도 요구하는 일이 없는데도 방자함이나 정욕 때문에 재혼하는 일은 용서할 수 없는 죄악이다"(모두 같은 책)라는, 인도에서 벗어난 결론을 도출했다. 정말이지 쓸데없는 간섭이 아닐 수 없다. 여성의 '욕정'이나 '정욕'에

《일본부인日本婦人》 1942년 10월호, 대일본부인회大日本婦人会

주목하고 집착하는 데서 제국재향군인회의 추잡한 시선을 느끼는 것은 나뿐만이 아닐 것이다.

결국 '일본 부도' '일본 부덕'이란 모두 '남자' '남편', 그리고 그들을 떠맡고 있는 '군軍'의 남근적 삼위일체 측에서의 멋대로 된 주문으로 채워져 있었던 것이다.

일본 충령권의 건설!

전전戰前에 '세계창조사世界創造社'라는 그 분야에서 유명한, 어처구니없는 출판사가 있었다. 아무튼 전쟁과 파시즘과 천황을 아주 좋아하는 출판사로, 거기서 내는 잡지가 《전쟁문화戰爭文化》와 《파쇼ファッショ》다. 간판 시리즈물이 〈전쟁문화총서〉와 〈황민スメラ民문고〉로, 황국의 어처구니없는 책을 계속 공급한 무시무시한 출판사였다.

『세계총력전世界總力戰』(1939)도 이 출판사가 낸, 검게 윤이 나는 기서奇書 중의 한 권이다. 저작권자의 이름에는 '전쟁문화연구소'라고 되어 있는데, 이는 이 출판사와 관련하여 다수의 문건을 날조해낸 싱크탱크의 하나다. 전쟁문화연구소 발행·세계창조사 발매라고 된 『황전皇戰』도 도를 넘어선 면면으로 가득하다.

『세계총력전』

이 책의 권두 그림에는 「적자赤子의 배궤拜跪」라는 제목으로, 전쟁문화연구소의 관계자들이 황거 앞에서 정중히 절하는 사진이 실려 있다. '적자'란 천황을 아버지로 비유하고 그 자식으로서의 신민을 가리키는 말이다.

이 책 『세계총력전』의 첫머리에는 나름대로 격조 높은 총력전 이론이 개진되었다. "전쟁은 문화이고 문화는 전쟁이다"라는 『1984』(조지 오웰)풍의 테제로 시작하는 등 "세계에서 유일한 건강법―전쟁이여 영원하라!"라고 선언한 이탈리아 미래파의 파시스트적 모더니즘을 방불케 할 정도다.

커버 뒤에는

　　일본 세계 유신의 총력전적 실현
　　일본 세계주의의 전면적 수립

구舊 만주의 신징(지금의 창춘)에 있던 충령탑, 일본군 전몰자의 영혼을 모시는 탑

이라는 영문을 알 수 없는 슬로건이 굵은 고딕 글자로 인쇄되어 있다. 그들이 말하는 "일본 세계주의"란 대체 무엇일까?

이 책의 후반에 이런 세계정복론이 서술되어 있다.

일본 충령권忠靈圈의 건설

옛날부터 우리 민족의 해외 발전은 항상 활발하게 이루어졌고, 우리의 충령이 잠든 지점을 세계지도 위에서 찾으면 거의 전 세계를 뒤덮을 것 같은 감이 든다. 그리하여 전 세계에 걸친 우리의 충령이 분포한 상태는 곧 우리 일본 세계의 건설 방향을 지시하는 것이고, 이에 이들 소중한 영령을 제물로 삼아 일본 세계가 빛나게 수립되어야 한다.

　다시 말해 일본의 '충령'이 잠든 곳이 바로 일본이고, '일본 세계 건설'(!)의 판도가 되는 거라고 말하고 있는 것이다. 무시무시한 영적 팔굉일우론八紘一宇論이다. 애초에 '일본 세계'라는 용어부터 세계가 일본이 되는 건지(?), 일본이 세계가 되는 건지(?) 도무지 알 수 없고, 알고 싶지도 않은 개념이다. 누가 좀 말려달라고 하고 싶을 만큼의 세계 정복 망상이 아닐 수 없다.

도조 히데키의 어린이 품평

아이의 턱에 손을 대고 쓰윽 위로 올리는 것은 통통한 정도와 혈색을 살피는 '인신매매자의 품평' 포즈다. 마치 출정한 아버지의 생피를 마신 현대의 산쇼다유山椒大夫[16]에게 여자아이가 품평을 당하는 것 같다.

《사진주보》 제239호, 1942년 9월 23일

도조 히데키와 아이들의 '스킨십' 모습은 당시의 미디어에서도 꽤 보도되었고, 햇감자같이 박박 민 머리를 무심코 어루만지거나 빼곡히 들어선 사춘기 소년들 사이에 섞여 미소를 짓

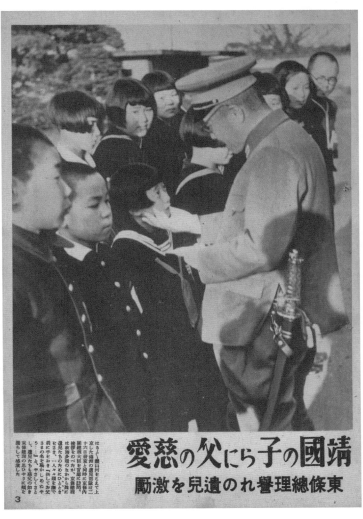

靖國の子らに父の慈愛

東條總理れ遺兒を激勵

はるか梁山泊として上
京した満洲の遺兒遺族は二
十六日常宮と同時に官邸内
閣總理大臣を官邸に訪問、
挨拶をのべた折に宮總理環
境神治的の古たか了宮總理
遺児たちの名をたずね親と
上に不人人親へ向して父子
親しく不人人へ向として父子
ろ……」とやさしくさとし
さの名を恥かしめぬ様に……
し、遺児たちも慈の如き
愛保總理の思ひやりに眼を
源うして感涙した

3

《사진주보》 제266호, 1943년 4월 7일. 여자아이가 심하게 무서워하고 있다.

《사진주보》제326호,
1944년 6월 21일

《부인화보婦人画報》
1944년 4월호

《아사히신문》1942년 4월 18일자 기사

고 있는 등 여러 곳에 등장했다. 애초에 자신이 시작한 전쟁 탓
에 부모를 잃은 아이들과 나란히 생긋 웃으며 기념촬영을 하는
것은 보통 사람이라면 좀처럼 할 수 없는 낯 두꺼운 짓이다.

칼럼 야스쿠니신사 임시 대제 참례자의 자살 미수 사건

1939년 봄의 야스쿠니신사 임시 대제에 참례한 유족 한 사람이 도쿄에서 돌아가는 길에 나가노역에서 자살 미수 사건을 일으켰다. 그 자료를 방위성 방위연구소의 '야스쿠니' 관련 자료에서 찾았다.

1939년 5월 2일

야스쿠니신사 임시 대제 참례자의 자살 미수 사건에 관한 건

본적 : 후쿠이현 ××군 ××촌

주소 : 위와 같음

이름 : 나카자와 사와키치中澤澤吉(농업, 당시 46세)

동기 및 상황 :

이 사람과 전사자는 재종형제(6촌) 사이로서 이번 야스쿠니신사 임시 대제 집행에 즈음하여 호국 영령으로 합사된 유족 무라타 하마村田はま(전사자의 친모)로부터 대리로 출석해달라는 의뢰를 받았다. 하지만 자격이 있는 자는 4촌 형제까지라서(본인 진술에 의함) 사촌인 후쿠시마 긴지로福島金次郎 명의로 참석하기로 했다. 당일에는 임시 대제에 참례하여 천황 폐하께서 친히 참배한 봉송영奉送迎, 황거 관람, 유족으로서의 여비를 지급받는 등 극히 정중한 대우를 받았음에도 자신을 돌아볼 때 자격을 속이고 참례한 것은 심히 부끄러운 일이어서 깊은 양심의 가책을 견딜 수 없었다. 그래서 죽음으로써 이를 속죄하고 천황 폐하께 사죄를 드리려고 도중에 내려 젠코지善光寺 및 충령전忠靈殿에 참배한 후 신에츠선信越線 나가노역으로 돌아가 임시 소집 응소자를 전송하는 사람들로 혼잡한 가운데 상행 우에노행 열차에 뛰어들어 자살을 기도했지만, 단속

순사에게 구조되어 미수에 그치고 말았다.

이 서류는 '나가노현 지사 도미타 켄지富田健治'가 '내무대신 기도 코이치木戸幸一, 육군대신 이타가키 세이시로板垣征四郎, 후쿠이현 지사, 마츠모토 헌병 분대장'에게 보낸 공문서다. 일부러 현 지사가 보고서를 쓸 만큼의 사건이었던 모양이다.

의외로 이런 잘못을 저지른 사람이 많았겠지만, 선로에 뛰어들어 자살을 기도할 만큼 외곬으로 생각한 나카자와 사와키치는 아마 성실한 사람이었을 것이다. 나가노역 플랫폼에서 그의 등을 민 것은 천황이 친히 야스쿠니신사에 참배한 일에 대한 '감사'였기 때문에, 하마터면 절호의 미담 재료로서 당국에 활용될 뻔했을 것이다. 그러나 잘못은 잘못이다. 당국으로서는 참례자에 대한 사전 신원조사의 실패로 받아들인 모양이다.

방위성 방위연구소 소장 「야스쿠니신사 임시 대제 참례자의 자살 미수 사건에 관한 건」 자료

제2부

일본은 좋은 나라

'일본은 좋은 나라' 전설

2008년에 "일본은 침략 전쟁을 하지 않았다"는 내용의 어처구니없는 논문을 발표하여 항공 막료장[17]에서 해임된 다모가미 토시오田母神俊雄는 국회에 참고인으로 불려 나와 이런 말을 했다.

일본에는 지금 '일본이라는 나라가 나빴다'는 주장이 너무 많다고 생각합니다. 그리고 지금 역사를 재검토함으로써 일본이라는 나라가 좋은 나라였다고 다시 봐도 좋지 않을까 하고 (……) 저도 이번에 깜짝 놀란 것은, 일본이라는 나라가 좋은 나라였다고 했더니 해임되었다는 점입니다. 그리고 책임 추궁이라는 것도, 좋은 나라라고 말한 인간을 왜 임명했느냐고 한다는 점입니다.

　―2008년 11월 11일, 참의원 외교방위위원회 의사록에서 인용

제5기 국정교과서 국민학교 초등과 수신 『착한 어린이』(하), 문부성, 1941

　다모가미 토시오가 마치 자신이 직접 본 것처럼 '일본은 좋은 나라였다'고 주장하는 바람에, 이런 구시대적 뇌수를 장착한 인물이 자위대의 최고 자리에 있는 우리나라의 방위는 괜찮을까, 하고 걱정이 되었다. 조사해보니 이 사람은 1948년생으로 '전쟁을 모르는 아이들' 세대가 아닌가. 뭐야, '일본은 좋은 나라였다'는 것은 전후에 태어난 다모가미의 망상이란 말인가, 하고 맥이 풀려버렸다.

　사실, 전전의 일본은 정말 '좋은 나라'였던 듯하다……고 할까, 열심히 '좋은 나라'라고 내세웠던 듯하다. 제5기 국정 수신 교과서 『착한 어린이ヨイコドモ』 하권에 정확하게 그렇게 쓰여 있다.

《유년구락부》 1943년 2월호

　　일본은 좋은 나라, 깨끗한 나
라, 세계에 하나뿐인 신의 나라
　　일본은 좋은 나라, 강한 나라,
세계에 빛나는 훌륭한 나라

　일본은 "좋은 나라"라고 말할
뿐만 아니라 "깨끗한 나라"이고
"강한 나라"야, 게다가 "신의 나
라"고 "훌륭한 나라"야, 하고 열
심히 호소한다. 역시 일본은 굉장해, 하고 순순히 감동하고 싶
지만, 어디가 어떻게 "좋은 나라"이고 "강한 나라"인지 전혀
논증이 안 되어 있어서 도무지 알 수가 없다는 것이 슬프다. 게
다가 "신의 나라"라고 해도 왜 전 세계에서 단 하나 일본만이
그렇게 낙원이 되었는지 신기해서 견딜 수가 없다.

　"신의 나라"라는 구절은 2000년에 "일본은 바로 천황을 중
심으로 하는 신의 나라"라고 발언한 모리 요시로森喜朗 전 수상
에 의해 현대에 되살아났다.(쓴웃음) '일본은 좋은 나라'라는
말은, 소국민이었던 그의 '상어 뇌수'[18]에도 잊을 수 없게 강렬
하고 선명하게 각인되었던 것 같다.

일본은 좋은 나라, 신의 나라

'일본은 좋은 나라'라는 구절은 수신 교과서에 싣기 전부터 서서히 매스컴에서 반복적으로 사용되었다.

가장 유명한 것이 1936년 당시의 NHK에서 '국민가요'로서 방송된 〈일본은 좋은 나라〉(이마나카 후케이今中楓溪 작사, 핫토리 료이치服部良一 작곡)일 것이다.

> 일본은 좋은 나라, 신의 나라
>
> 무어냐 거친 파도, 큰 바위는 움직이지 않는다
>
> 힘껏 치는 파도 쏴 하고 다시 밀려든다
>
> 의기다, 호기다, 영원한 나라다
>
> 여기에 해가 비친다, 달도 비친다

국민가요 〈일본은 좋은 나라〉의 악보.
일본방송협회, 1936

강담사의 그림책 『일본은 좋은 나라』,
대일본웅변회강담사, 1938

"의기다, 호기다, 영원한 나라다"라든가 아주 묘한 형용이 늘어선 영문을 알 수 없는 가사이지만, 아무튼 '일본은 좋은 나라'라고 말하고 싶었을 것이다. '일본은 좋은 나라'라는 대일본제국 캠페인 송은 또 중앙교화단체연합회 작사·작곡인 버전도 있다.

> 일본은 좋은 나라 동쪽 하늘에
> 떠오르는 아침 해는

태양의 깃발, 태양의 깃발

야마토고코로大和心[19]를 하나로 물들여

항상 어슴푸레 밝아온다

"항상 어슴푸레 밝아온다"라는 것도 의미를 알 수 없는 수수께끼 같은 가사이지만, 이런 노래가 생긴 것도 많은 사람이 '일본은 좋은 나라'라고 믿고 싶어 견딜 수 없었기 때문일지도 모른다.

한편 어린이용 그림책의 세계에서는 "어린이가 착해지는

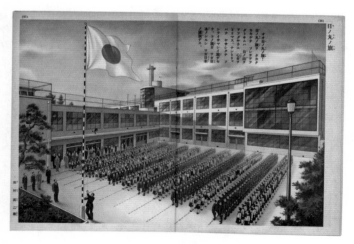

그림책 『일본은 좋은 나라』에서의 히노마루 깃발. 대단히 모던한 교사와 깃발의 거대함이 놀랍다.

강담사의 그림책"『일본은 좋은 나라』(대일본웅변회강담사, 1938)가 상당히 그럴싸한 재미를 주고 있다. 「호국의 꽃」「일본인 여기에 있다」 등 건국신화에서 시작하여 해외에서 활약하는 일본인(미국인을 내던지는 유도 청년의 무용담!)까지 '일본은 좋은 나라'임을 집요하게 되풀이하고 있다.

그림책에 실려 있는 '히노마루 깃발' 페이지는 압권이다. 그림만 보고 있으면 67년 전의 심상소학교인지 최근의 초등학교인지 잘 알 수 없게 되는 점이 무섭다. 예전에 가든 파티에서 "전 일본의 학교에 국기를 게양하고 국가를 제창하게 하는 것이 제 일입니다"(2004년 10월 28일)라는 말을 지껄여 천황에게 주의를 받은 요네나가 쿠니오米長邦雄(전 도쿄도 교육위원) 등은 전 일본의 학교가 그렇게 되면 아마 '일본은 좋은 나라'가 부활한 것임이 틀림없다고 생각할 것이다.

천장절의 계절

　전전의 학교에 '수신'이라는 과목이 있었다. 지금의 '도덕'에 해당하는 것으로, 국가에 대한 충성심과 국민으로서의 덕목을 가르쳤다. 당시의 국정 수신 교과서(제5기) 『착한 어린이』의 교사용 매뉴얼을 최근에 입수했기에 소개한다.

　대상은 국민학교 초등과 1학년(초등학교 1학년에 해당)으로, '1. 학교' '2. 선생님' 등 수업은 우선 코흘리개들을 학교생활에 익숙하게 하는 데서 시작한다. 얼마 후 자리에 앉아 선생님의 이야기를 듣게 되면, 다음은 바로 '3. 천장절天長節'이다. 천장절은 천황의 생일을 말한다. 쇼와 천황의 생일은 4월 29일이었기 때문에 새롭게 입학한 1학년에게 천황 숭배를 주입하기에는 적당한 제재였다. 교사의 훈화까지 완벽하게 매뉴얼로 만들어져 있었다.

이와세 로쿠로岩瀬六郎, 『국민과 수신 지도안国民科修身指導案』, 메이지도서明治図書, 1941

천황 폐하는 (……) 일본에서 가장 귀중한 분입니다. 천황 폐하에 대해 우리는 신하입니다. (……) 우리의 조상 역시 모두 당시의 천황님의 신민이었습니다. 할아버지도, 할머니도 증조할아버지도, 증조할머니도 모두 그렇습니다. (……) 지금, 우리도 천황 폐하의 은혜를 입어 행복한 나날을 보내고 있습니다.

이렇게 대사까지 준비되어 있다. 조상 대대로 섬겨왔으니 어쨌든 너희들도 신하라는, 말 그대로 '어린애의 속임수' 같은 억지 이론이다.

우리가 부모형제와 함께 일가 안에서 즐겁게 지낼 수 있는 것

제5기 국정교과서, 국민학교 초등과 수신 『착한 어린이』(하), 문부성, 1941

〈그림 내부〉
2. 최경례
천장절입니다. / 모두 예의바르게 줄을 섰습니다. / 식이 시작되었습니다. / 천황 폐하, 황후 폐하의 사진을 향해 최경례를 했습니다. / 「기미가요」를 불렀습니다. / 교장 선생님이 칙어를 봉송했습니다. / 우리는 정말 감사하다고 생각했습니다.
3. 오월의 명절

도, 학교에서 선생님의 가르침을 받고 친구들과 재미있게 놀 수 있는 것도 모두 천황 폐하의 은덕입니다.

천황은 굉장하다! 마치 신이다 (……), '현인신'이니까 당시에는 당연했었나?

아무튼 천장절 식전을 향해 음악 시간에는 '기미가요君が代' 연습, 공작 시간에는 작은 '히노마루' 깃발 제작에 할애되었다. 당일에는 "아침 일찍 신사에 가서 참배합시다"로부터 시작되어 어진영御真影에 머리 숙여 절하고 교육칙어 봉독은 고개를 숙이고 들으라("코를 훌쩍이거나 움직여서는 안 됩니다")고 지시받았다. 이리하여 코흘리개들의 푸른 콧물은 사라지고 황국 신민의 '행복한 날'은 1945년 8월 15일까지 계속되었다.

히노마루 페티시즘 입문

와타리 쇼자부로亘理章三朗의 『국기 히노마루日の丸の国旗』(실업지일본사実業之日本社, 1944)를 손에 들었을 때부터 뭔가 불쾌한 느낌이 들었다. 지나치게 노골적이고 직설적인 제목, 1944년 발행이라는 타이밍 그리고 광신적 국체 원리주의자로 알려진 저자, 읽어보니 역시 생각한 대로 머리가 암울해지는 마약 같은 책이었다.

국호 일본 안에는 태양신의 나라라는 의미도 당연히 포함된다. (……) 조국肇國의 황조신皇祖神으로서 태양신의 빛을 영원히 우러러 모시는 것이 우리 일본의 국민이다. 따라서 일본의 표장標章인 국기 히노마루 안에서도 우리는 항상 아마테라스오미카미天照大御神[20]의 영광靈光[21]을 반드시 받는 것이다.

와타리 쇼자부로, 「국기 히노마루」

깃대 끝의 동그란 것과 도르래 부분
에 대한 도해, 「국기 히노마루」

　웬걸, 히노마루는 아마테라스오미카미의 영광을 상징하는
것이라고 한다. 그것은 왜일까? 와타리 쇼자부로는 다음과 같
이 논증한다.

　　히노마루를 우러러볼수록 소중하고 성스러운 느낌이 드는 것
　　도 결코 우연이 아니라는 것을 알 수 있을 것이다. 특히 우리가 마
　　음속으로 아마테라스오미카미를 생각할 때, 히노마루는 뭐라 말
　　할 수 없이 성스러워지는 것이다.

「국기가 게양되어 있는 동네」(고후甲府시 후지카와富士川국민학교 3학년 오치아이 마사토시落合正甫), '황군 위문 그림엽서' 체신박물관, 1942

"결코 우연이 아니라"고 해도 "성스러운 느낌이 드는 것"은 와타리 쇼자부로의 주관일 것이다. 게다가 "마음속으로 아마테라스오미카미를 생각할 때, 히노마루는 뭐라 말할 수 없이 성스러워지는 것이다"라니, 그렇다면 히노마루는 신체神体가 아닌가! "하찮은 것도 신앙심이 있으면 고맙게 여겨진다"라는 의미도 아니고, 그저 헝겊 쪼가리에 지나지 않은 것을 신체로 바꿔버리는 '천황 신앙'의 광기를 엿보는 것 같다.

히노마루가 아마테라스오미카미의 영광이라면, 그것은 동시에 천황의 위력과 위광이기도 하다는, 불가능한 천황 신학이다. 국기가 신, 즉 천황의 상징이기에 신성한 것이라는 '히노마루' 페티시즘의 극한이지만, 교육 현장에서 '히노마루·기미가요'를 강제하는 데 열심인 문부성의 관리나 교육위원회 사람들은 지금도 그렇게 믿고 있는 게 아닐까?

이런 부끄러운 고백의 한편에서 와타리 쇼자부로가 이 책에서 가장 열렬하게 말하는 것은, 그가 근무하고 있던 도쿄문리과대학(츠쿠바대학의 전신)에서 국기 게양대를 만들었을 때 깃대 끝의 동그란 것과 히노마루 사이에 틈이 생기지 않도록 어떻게 도르래를 고안했는가 하는 집안 목수일 같은 자랑의 한 부분이다.

나는 도르래를 기둥 상부의 측면에 달지 않고 상단의 절단면에 구멍을 뚫어 그 안에 넣기로 했다.

격렬한 히노마루 선동과 이웃의 발명 아저씨연하는 도르래 자랑을 비교하면, 역시 뭔가가 잘못되어 있다고밖에 생각되지 않는다.

'히노마루'의 올바른 게양법

1998년 국기·국가법이 제정되어 졸업식이나 입학식에 '히노마루'가 억지로 게양되게 되었다. 문부과학성이나 교육위원회 사람들은 이상한 정열을 기울여 아이들에게 '히노마루'에 배례하게 하고 싶은 모양이다. 그러나 메이지 시대가 되어 비로소 제정된 '국기'라는 이름이 붙은 단순한 헝겊 쪼가리에 서민은 경의 따위 갖고 있지 않았다. 그러므로 국기 다루는 법이나 게양 방법은 알 만한 사람은 다 아는 토막 지식 이상은 아니었던 것 같다.

앞서 인용한 『국기 히노마루』에서 와타리 쇼자부로는 그런 모습에 분노하고 있다.

1. 국기는 반드시 이를 올바로 사용하고 남용해서는 안 된다.

《집의 빛》 1940년 2월호
표지

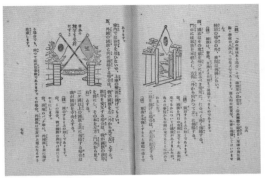

『쇼와 국민 예법』, 일본교육회 엮음, 일본교육회, 1943

2. 국기는 국가적인 공적 의의를 가진 경우 이외에 이를 사적으로 이용해서는 안 된다.

3. 국기를 장식으로 이용해서는 안 된다.

4. 국기를 테이블보나 커튼·벽걸이·천장 가리개·보자기 등으로 사용해서는 안 된다.

6. 국기를 수건·보자기·쿠션 등의 무늬로 염색하거나 꿰매 붙이거나 냅킨 등에 인쇄해서는 안 된다.

7. 국기를 광고, 그 밖에 영리 목적으로 이용해서는 안 된다.

8. 국기에 글자나 그림을 넣어서는 안 된다. 그림으로 그린 국기라도 그 안에 글자나 그림을 그려 넣어서는 안 된다.

부채에 그려진 '대일본국방부인회大日本国防婦人会'의 앞치마 차림의 젊은 부인. 그러나 전쟁놀이를 하는 아이들을 배경으로 출정을 전송하는 포즈를 취하자 어딘지 모르게 전쟁이 아이들 놀이 같은 것으로 보여 신기하다. 작자 불상.

이러한 창의적인 고안으로 흘러넘치는 히노마루의 사용 예는 아마 와타리 쇼자부로가 실제로 보고 울컥 화가 치밀어 메모한 것임이 틀림없다. 커튼이 되거나 쿠션이 되는 등 히노마루가 크게 인기가 있었던 모양인데, 하얀 바탕에 붉은 동그라미뿐인 러시아 아방가르드풍의 산뜻한 디자인으로 보였던 것일지도 모른다.

와타리 쇼자부로의 '히노마루' 10개조를 현대에 적용하면 거의 모든 우익 가두선전차를 다시 칠해야 할 것이고, 자동차에 히노마루 스티커를 붙여 뒤에 따라오는 운전자를 위협하는 사람들도 당장 스티커 제거제를 사러 문방구로 달려가야 할 것이다.

바보들이 만든 '히노마루' 미담

소책자 『히노마루 독본日の丸読本』은 1937년 기원 2600년 (1940)을 앞두고 수없이 출판된 국체 명징물의 한 권이다. 〈도쿄니치니치신문〉(현재의 마이니치신문의 전신)에서 발행한 것이다. 전체 118쪽에 걸쳐 '히노마루'의 유래·취급 방법에서부터 '히노마루'와 관련된 애국 미담을 게재하고 있다.

메이지유신 때의 '니시키노미하타錦の御旗[22]'에서부터 청일·러일 전쟁, 그리고 만주사변에 이르기까지 '히노마루'

『히노마루 독본』

'군함기' '연대기' 등 아무튼 '깃발'을 지키기 위해 얼마나 많은 병사가 목숨을 바쳤는지에 대해 헤아릴 수 없을 만큼 자세한 에피소드를 소개하며 설교하는 책이다.

지어낸 이야기 같은 '히노마루' 미담이 끝없이 이어지는 가운데 유달리 이채를 띠는 슬픈 이야기가 있었다.

1936년 2월 11일 오전 7시경, 시바구芝区 다카나와키타마치高輪北町 부근에서 시나가와를 떠난 아사쿠사행 시영버스가 질주하고 있을 때 전방에 걸어둔 국기가 도로에 떨어졌다. 그러자 여자 차장 우메자와 유키梅澤ユキ(20세) 씨가 단숨에 뛰어내려 그것을 주우려는 순간, 반대쪽에서 질주해 온 트럭에 머리가 세게 부딪혀 그만 사망하고 만 애처로운 사건이 있었다.

그것이 한 번 신문지상에 보도되자 황도시음지회皇道詩吟之会의 선생인 모토야마 켄이치本山賢一는 이를 시로 썼고 또 욱조회旭潮会의 아라마키荒卷輝鳳 씨는 이를 비와우타琵琶歌에 넣어 그 아름다운 일을 칭송했으며, '국기 박사'로 일컬어지는 마츠나미松波 박사도 잠자코 있을 리 없었다. 박사는 스스로 붓을 들어 '히노마루 미담'의 시나리오를 만들어 오사카의 교육영화제작소에 의뢰하여 16밀리미터 영화를 제작함으로써 그 행위를 영원히 은막에 남겼다. 이야말로 평시의 시정市井에 사수된 국기 미담이라 해야 한다.

《청년》(여자판) 1943년 1월호, 대일
본연합청년단. 1월의 잡지 표지는 히
노마루 + 미녀가 단골 메뉴가 되었다.

아카다마赤玉 학생복 스티커. 무의미
하게 히노마루를 흔드는 소년 소녀의
그림(연대 불상)

전반부의 사건은 그야말로 비극이지만, 후반부는 이런 바보
같은 인사들에 의해 '미담'이 만들어지는구나, 하고 그 과정을
잘 알 수 있다. '국기 박사'란 대체 뭐하는 작자란 말인가.

한 여성 차장 개인의 죽음이 '히노마루
미담'이 되고, 국가의 '이야기'에 편입되
어가는 이 무서움이라니!

독일 · 이탈리아 · 일본獨伊日 삼국방공협정 체결 기념이라
하며 삼국의 국기를 동여맨, 불쌍해 보이는 개.
《사진주보》 제40호, 1938년 11월 16일

굉장하다, 기미가요연맹!

1938년에 간행된 '기미가요연맹'의 기관지 《기미가요》는, 이 한 권만 들고 무인도에 표착해도 한나절 정도는 히죽거릴 수 있을 만큼 도를 넘어선 굉장한 잡지다.

첫머리부터 기미가요연맹의 회장 아오노 타카아키青野尊晃가 격렬하고 긴장감 있는 논문을 썼다. 아오노 회장은 이렇게 말한다.

천황의 나라는 영원하다. 그러므로
천황의 나라는 위대하고, 일본은
천황의 나라이므로 위대한 것이다.
천황의 나라 일본은
아마테라스오미카미天照大神의 신칙神勅[23]에 의해 위대한 것이

《기미가요》 '천황 기원 2600년(1941)' 4월호

다. 일본 기원紀元은 억년 조년을 헤아리기에 황통은 영원히 무궁하고 연면連綿하는 것이다.

'천황'이라는 단어를 맨 앞에 들고 나오는 것은 '대두擡頭[24]'라는 중국에서 유래한 문서 작법인 듯한데, 어쩐 일인지 묘하게 어처구니없는 느낌을 주어 첫 세 행은 여러 번 읽으니 뇌수가 마비되어온다. 이런 영문을 알 수 없는 문장을 당시에는 '지성至誠의 열정'이라고 표현했을 것이다. 하지만 지금이라면 "당신, 머리 괜찮아?"라고 했을 것이다. 그것은 전후戰後가 되어 가치관이 변했기 때문이 아니라 사실 당시에도 그런 언동을 지겨워했지만, 그 무렵에는 아무도 회장을 말릴 수 없었을

'애국 이로하 가루타'
그림 내부 : 기미가요 부르는 아침의 학교

뿐이기 때문이다.

　이 '기미가요연맹'은 단순한 미치광이의 모임이 아니다. 이
연맹의 고문 및 상담역을 보라.

　　고문 : 귀족원 의원 남작 이노우에 키요즈미井上清純 / 상담역 :
　　육군 중장 이노우에 카즈츠구井上一次 / 전 검찰총장 요시마스 슌
　　지吉益俊次 / 남작 마사키 카즈지真崎勝次 / 해군 소장 기쿠치 타케
　　오菊池武夫 / 도쿄 시 교육장 미나가와 하루히로皆川治廣 / 전 헌병
　　대 사령관 모치나가 아사지持永浅治

이렇게나 평판이 높은 명사가 즐비하다. 기쿠치 타케오는 '천황기관설' 배격의 도화선을 당긴 인물로 유명한데, '도쿄시 교육장'이나 '검찰총장'이라는 엘리트들도 이런 바보 같은 단체에 이름을 빌려주고 있었을 줄은 몰랐다.

아오노 회장은 더욱 소리 높여 외친다.

천황의 은혜는 산보다 높고 바다보다 깊다.

일본 신민으로 태어난 것은 '영원'히 살기 위해서다. '영원한 존재'로서 태어난 것이다. (……)

천황의 나라에 태어나는 것은, 태어날 때부터 이미 영원한 존재로서. 그러므로 황공하게도 살아 있는 신으로 존재하는 천황으로부터 '적자'라는 말을 하사받은 것이다.

일본 정신이란 정말 대단하다. 뭐랄까, 굉장히 득을 본 기분이다.

아름다운 나라 일본의 예의범절

1945년의 패전까지 일본에는 '국민예법'이라는 말이 있었다. 대일본제국 문부성이 "일본인이라면 반드시 익혀야 하는 예의범절"을 아주 상세하게 정해 보급하려고 한 것이다.

그때까지 '일본인의 예의범절'에는 여러 가지 유파가 있었는데, 어떤 표준이 있었던 것은 아니다. 이래서는 안 된다고 생각한 문부성은 1938년에 일부러 '예법교수요항作法教授要項조사위원회'를 만들어 국민의 예의범절을 통일하고 정리하기 시작했고, 1941년에 '쇼와국민예법昭和国民礼法'으로 통합했다. 머리 숙여 인사하는 방법이나 무릎을 꿇고 앉는 방법에서부터 옷을 벗는 방법, 길을 걷는 방법에 이르기까지 일거수일투족을 악착같이 정한 공식 예의범절을 당국이 정식으로 제국 신민에게 내려보낸 것이다.

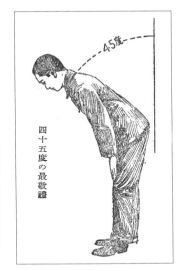

四十五度の最敬禮

45도의 최경례

먼저 자세를 바르게 하고 눈은 정면을 향합니다. 그러고는 상체를 조용히 앞으로 기울임과 동시에 손은 자연스럽게 내려 손가락 끝이 무릎께에서 멈추게 하고 대충 한숨을 쉬고는 원래의 자세로 조용히 되돌립니다. 일부러 목을 구부리거나 무릎을 꺾어서는 안 됩니다.『쇼와국민예법』, 나카미가와 이치로中上川義一郎 엮음, 제국서적협회帝国書籍協会, 1941

이 '쇼와국민예법'이 제정되자, 장사에 능숙한 출판업계가 멋들어지게 그에 편승하여 몇 종류의 국민예법 해설서를 출판하여 꽤 많이 판매했다. 1941년의 학제개혁으로 생겨난 국민학교에서는 아이들에게 '국민예법'을 주입했기 때문에 어린이용 예법 매뉴얼 등도 다수 출판되었다. 내가 갖고 있는『국민학교 아동용 예법요항国民学校児童用 礼法要項』(교양연구회 엮음, 교양연구회, 1941)은 1941년 7월에 1쇄인데 같은 해 12월에는 이미 179쇄인 것으로 보아 경이적인 베스트셀러가 되었던 모양이다.

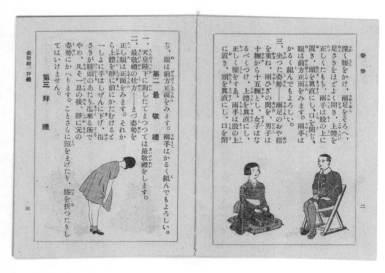

「국민학교 아동용 예법요항」

그런데 대일본제국은 왜 그렇게까지 '예의'에 집착했던 것일까? 예의범절 매뉴얼 첫머리에 당시의 문부성은 이런 서문을 달았다.

예법은 실로 도덕의 현실에서 이수되는 것이고, 고금을 통해 우리 국민 생활의 궤범으로서 모든 교양의 기초이며, 적게는 수신제가修身齊家하고 크게는 국민의 단결을 강고히 하여 국가의 평화를 유지하는 길이다. 마땅히 예법을 실천하여 국민 생활을 엄숙하고 탄탄하게 하고, 상하의 질서를 유지하며, 그럼으로써 국체의 정수를 발휘하고 무궁한 황운皇運을 지켜야 한다.

이는 단지 예의 바른 인간을 만드는 것이 목적이었던 것은 아니었던 모양이다. 예의가 바른 인간이라면 "상하의 질서"를 유지하는 것에 힘쓸 테니 예의를 보급시켜 영원히 천황 아래서 기쁘게 국가에 진력하는 인간을 만들어내려고 했던 듯하다. 밥을 먹는 방식이나 신발 벗는 법까지 매뉴얼화하여 국민에게 강제하려고 한 근대 국가의 정부는 우리의 황국 일본 외에는 어디에도 없을 것이다. 역시 대일본제국은 '세계에 하나뿐인 신의 나라'였던 것이다.

소국민의 상식입니다!

최근 비상식적인 젊은이가 늘었다고들 말한다. 그에 비해 '대동아전쟁' 때는 공식적인 '상식'이 배급되었기 때문에 소국민들은 그것을 암기하면 되었다고 말하는 것 같다. 1943년 화양당출판華陽堂書店에서 간행된 어린이용 팸플릿 『대동아전쟁과 소국민의 상식大東亜戦争と小国民の常識』을 보면 어쩐지 그런 기분이 드는 요즘이다.

이 팸플릿은 당시 국민학교 학생의 상급 학교 수험용으로, 구두 시험의 모범 답안을 암기하기 위한 수험 참고서로 사용되었던 모양이다. 본문은 모두 '질문'과 '대답'이라는 형식으로 채워져 있고 그 수는 182항목이다. 「제1장 대동아전쟁과 우리의 결의」에서 시작하여 「제2장 후방 생활과 우리의 임무」 「제3장 전시 학교생활과 우리의 길」이라는 구성이다. '대동아전쟁 개

『대동아전쟁과 소국민의 상식』

전의 이유'에서 '청소 당번을 하는 방법'까지 아주 상세하게 모범 답안이 준비되어 있다. 이를 전부 암기하면 당신도 내일부터 신국 일본의 훌륭한 소국민이 될 수 있을 것이다. 예상 문답 몇 개를 뽑아보자.

먼저 '대동아전쟁의 목적'을 분명히 알고 있는지 어떤지, 이것이 착한 소국민과 나쁜 소국민의 첫 갈림길이다.

질문 : 대동아전쟁의 목적은 무엇인가?

대답 : 일본의 자존 자위自存自衛를 위해, 나아가서는 아시아 민족을 위해 미영 세력을 아시아에서 몰아냄과 동시에 적

「출정하는 병사를 전송한다」, 나고야시의 국민학교 5학년 이와타 니조岩田ニ三 그림. '황군 위문 그림엽서' 중 한 장. 이 위문 그림엽서 세트는 체신성이 "황군 위문을 위해 특별히 전국의 국민학교 초등과 아동으로부터 모집한 작품을 원화로 한 것"으로 전부 12장이다.

국 미영을 철저하게 타파하고 동아 및 세계의 영원한 평화를 확립하기 위해서입니다.

이것이 당시의 공식 견해였을 거라고 간단히 정리하고 싶지만, 2010년 현재에도 도무지 '예전의 상식'이라고 정리할 수 없는 것이 슬프다. 아직도 이 모범 답안을 '상식'이라고 생각하는 전 소국민이나 현역 소국민, 게다가 소시민이 많다.

한편 '싸우는 후방의 소국민'은 사상전의 담당자로서, 그리고 방첩전의 요원으로 평가되었다. 이런 질문도 있었던 모양이다.

> 질문 : 낯선 사람이 국가의 기밀에 관련된 것을 물었을 경우 어떻게 하겠습니까?
>
> 대답 : 낯선 사람이 약간 수상하다고 여겨지는 것을 물었을 경우, 결코 옳은 대답을 하지 않고 곧장 부근의 파출소나 다른 사람에게 알리겠습니다.

애초에 어린이인 주제에 '국가의 기밀'을 알고 있다면 '방첩'은 이미 뻥 뚫린 게 아닌가. 그건 그렇다 치더라도 "결코 옳은 대답을 하지 않고"라는 말에는 웃음이 나왔다. 이 얼마나 비용이 들지 않는 방첩 대책이란 말인가.

영령을 기리는 모범 답안

『대동아전쟁과 소국민의 상식』에는 이런 문답도 있었다.

질문 : 호국 영령을 맞이한 일이 있습니까? 그때는 어떤 느낌이
들었습니까?

대답 : 맞이한 일이 있습니다. 힘차고 용감하게 출정하신 용사
가 지금 호국의 신으로서 무언의 개선을 하신다고 생각
하니 무척 애처롭다는 느낌이고 가슴이 메는 심정이었습
니다. 호국 영령에 대해 아무리 감사해도 부족한 마음이
가득하고 동시에 저희도 반드시 후방을 지켜 미영 격멸
에 온몸을 바칠 것을 맹세하겠습니다.

당시 소국민의 모범 답안과 야스쿠니신사를 아주 좋아하는

(エ)一木 唯 林

12월 8일은 '선전 조칙'이
공포된 것을 기념하기 위해
'대조봉재일大詔奉載日'로 명
명되고 황군의 분전을 후방
에서 기원하는 각종 행사에
참가하는 것이 전 국민에게
강력하게 장려되었다. 학교
에 가기 전에 신사에 참배하
는 것도 그런 행사의 일환이
었다. 《착한 아이의 벗良い
子の友》1943년 12월호

일본의 전 수상의 담화가 그 정신에서 동일하다는 것은 무척
흥미롭고도 한심한 일이다.

곧이어 문답은 황군의 여차여차한 전과戰果에 관한 지식을
묻는 것으로 옮겨 간다. "개전 전의 대동아에서 미영의 영토는
어디인가" 등인데, 마치 지리 수업을 듣는 것 같다. 물론 '미드
웨이 해전'을 비롯하여 어떤 전투도 대승리라고 되어 있고 '허

진주만의 아홉 군신 중 한 명인 우에다 사다무上田定 준위의 모교인 구라사코蔵迫국민학교 학생들의 '만세'. 칠판에는 "군신 우에다 사다무"라고 쓰여 있다. 『특별 공격대 구군신 사다무전特別攻撃隊九軍神定伝』, 아사히신문사, 1942

구와 현실의 구별이 되지 않는' 것은, 특별히 최근에 '장시간 게임을 함으로써 이성 컨트롤 기능이 저하된 뇌 상태'인 아이들만이 아니라 신국 일본의 장기였다는 것을 알 수 있다.

> **질문** : 특별공격대(진주만 공격의 특수 잠항정대潜艦艇隊. 이른바 '아홉 군신軍神'을 말함) 이야기 중 어떤 데서 가장 감격했습니까?

대답 : 천황 폐하를 위해 한 목숨 바치고, 생사를 초월하여 적진에 뛰어든 일에 감격한 것은 물론이고, 특히 아홉 용사분들이 모두 효자들이고 소년 시절부터 뛰어난 생각을 가진 것이나 특수 잠함정이 이와사岩佐 중령 이하 여러 분들이 심혈을 기울여 입안한 신무기였다는 것 등을 생각하면 눈물이 흘러내리는 심정이었습니다.

이런 예상 문답집이 무서운 것은 아이들에게 '상식'은 물론이고 모범적인 '감상'까지 주입하려고 한 점이다. 위의 진주만 특공대에 대한 모범 '감상'은 그 좋은 예인데, 아무리 봐도 어른의 작문이지만 이를 소년, 소녀가 "눈물이 흘러내리는 심정"이라고 대답하니 야스쿠니 페티시즘을 가진 사람들은 뭐라 말할 수 없이 흥분할 것이다.

기타하라 하쿠슈도 저질렀다

기타하라 하쿠슈北原白秋라고 하면 다들 알고 있는 동요 〈허둥대는 이발사あわて床屋〉나 〈기다림待ちぼうけ〉의 작사가로 유명한, 다이쇼·쇼와 시대에 걸쳐 활약한 문호다. 이 사람이 세상을 떠난 것은 1942년 11월이다. 유작이 된 마지막 시집은 『대동아전쟁 소국민 시집』이었다. 아사히신문사에서 나온 《주간 소국민》 지상에 연재한 것을 사망한 후에 모은 것이다. 권두의 「우리는 쇼와의 소국민이다」로 시작하여 「하와이 대해전」「하늘의 군신」「도조 씨」「소년 비행사」 등으로 이어지는 차례만 봐도 '기타하라 선생, 일을 저질렀구나' 하는 느낌이 든다. 그중에서도 「대동아 지도」라는 한 편이 지닌 시적 파괴력은 굉장하다.

세계지도를 벽에 붙이고 전과를 올릴 때마다 거기에 히노마

기타하라 하쿠슈, 『대동아전쟁 소국
민 시집』, 아사히신문사, 1943

루를 그려 넣는 소년을 노래한 것인데, 집필 당시 기타하라 하
쿠슈는 지병이었던 신장병의 악화에 시달리면서도 연필을 쥐
고 노트에 글자를 새겨 넣었다고 한다. '대동아전쟁'의 전과에
"유쾌하구나" 하며 아이들에게 호소하고 "폭격, 뇌격, 우르릉
쾅"이라는 미묘한 리듬이 좋은, 하지만 서글픈 의성어를 죽어
가면서도 짜내고 있었을 줄이야.

　　나는 해까지 달까지 적어간다,
　　나는 칠하고 다시 칠한다, 점과 선만이 아니다.

僕らは昭和の少國民だ

僕らは昭和の少國民だ。
見ろ見ろ、時代の少國民を。
太陽――僕らの日章旗
打ち振り打ち振り行進へ進め。

ああ、見ろ偉大な大東亞の今を。
空だ、青空、アジヤの空だ。
陸だ、大陸、アジヤの陸だ。
海だ、大洋、アジヤの海だ。

清明――僕らは正氣に生きる。
忠誠――僕らは大地に誓ふ。

「우리는 쇼와의 소국민이다」

大東亞地圖

おい、君、遊びに來ないか、僕のうちに。
とても大きな世界地圖があるんだぜ。
地圖を壁一面に貼つて、そして、
毎日、僕はラジオや新聞とにらめつくらだ。

旗を書くんだ、僕は日の丸の旗を、
古領、競定と聞くとすぐと、こんな　　を。
それから、爆撃、突入、ぐんぐん、どかんだ、
それから、　だ、　だ、愉快だなァ君。

「대동아 지도」

구미열강에 지배된 구舊세계질서를 말 그대로 다시 칠하려는 팔굉일우의 정신에 시인의 영혼이 뒤흔들렸을 것이다. 그러나 전황의 악화와 함께 기타하라 하쿠슈 선생의 세계지도에서는 하와이도 미드웨이도 알류샨열도도 차례로 모습을 감춰가지만 말이다.

여간 멋진 게 아닌, 너,
대동아공영권인걸.
내 뇌수는 그대로 지도야,
캐나다도, 수에즈도, 파나마도,
진작 다시 칠해졌어.

"여간 멋진 게 아닌, 너, / 대동아공영권인걸." 아이다 미츠오相田みつを[25]풍으로 정리한 이 구절에는 넋을 잃었다. 게다가 바로 이어지는 "내 뇌수는 그대로 지도야"도 대단하다. 그리고 이 뇌수 지도를 상당히 광범위한 곳에 걸쳐 미리 다시 칠한 것도 놀라울 뿐이다.

개전한 지 아직 반년도 지나지 않은 가운데, 기타하라 하쿠슈 같은 문호도 이런 망상적인 일본 만세 분위기에 보기 좋게 빠져 있었다는 것을 보여주는 귀중한 증거다.

다카무라 코타로의 에로틱 시국 시

마음이 거칠어졌을 때는 다카무라 코타로高村光太郎의 부끄
러운 시국 시집 『아저씨의 시ぉちさんの詩』(무사시출판武蔵書房,
1943)를 읽고 희미하게 불그레해지자.

　　오늘 밤에는 바람이 좀 불어 시원합니다.

　　오늘 밤에는 조금 전 녹음 방송으로

　　병을 무릅쓴 총리대신의 강력한,

　　의회 연설을 들었습니다.

　　듣는 중에 눈물이 났습니다.

　　저는 아직 여학교의 학생에 지나지 않고,

　　정치에 대해서는 잘 모릅니다만,

　　그래도 일본의 소녀로 태어난 몸으로

지금 뭘 생각하고 뭘 해야 하는지

그걸 뼈저리게 알 수 있었습니다.

저희들 민초가 반드시 완수해야 하는

그 빛나고도 무거운 임무에

저 역시 작은 정성을 다해

주제넘지만 참가할 수 있다는 사실에 울었습니다.

저는 변변찮은 음식점의 딸이지만

올해는 여학교를 졸업합니다.

저는 이제 망설이지 않겠습니다.

지금 세상에 태어난 몸의 보람이

어떻게 해서든 제가 가는 길도 아름답게 합니다.

—「소녀의 생각」

다카무라 아저씨는 완전히 소녀가 되어 "듣는 중에 눈물이 났습니다"라고 썼다. "정치에 대해서는 잘 모릅니다만" 하고 순진한 척하는 "변변찮은 음식점의 딸"은 어차피 허구의 존재이긴 하지만 시정의 한구석에서 빛나는 호국 소녀를 상기시키는 커다란 효과를 자아낸

『아저씨의 시』

"구로시오黑潮는 뭘 좋아해"―"미국제 배를 좋아해"라고 구로시오가 미군 함선을 침몰시키기를 기다리고 있는 것처럼 의인화한 다카무라 고타로의 부끄러운 작품. 유감스럽게도 구로시오는 일본제 배를 더 좋아했던 모양이다.
《사진주보》 제346호, 1944년 11월 8일

다. "지금 뭘 생각하고 뭘 해야 하는지", 시국에 독촉당하는 민초의 임무가 궁극적으로는 "놈은 적이다. 적을 죽여라"에 집약되는데도 그런 살벌한 슬로건에는 완전히 입을 다물고 소녀의 아름다운 '결의의 한순간'만을 떼어내려 하는 것이다.

황기 2591년의 여름방학

전전의 고등소학교에도 여름방학이 있었고, 물론 여름방학 숙제도 있었다. 그렇게 놀랄 일은 아니지만 어떤 숙제를 내주었는지는 의외로 알려져 있지 않다. 1932년의 고등소학교(지금의 중학교) 2학년용의 '하기 학습장'을 입수했다. 원래 주인은 미나미오가와무라南小川村(현 나가노현 가미미노치군上水内郡 오가와무라)에 사는 마츠모토 아무개의 것이다.

마츠모토는 문과계를 지망한 모양인지 하기 학습장의 수신과 국

『고등소학 하기 학습장 제2학년高等小学夏期学習帖 第二学年』, 교재연구회教材研究会 엮음, 도미타야출판富田屋書店, 1932

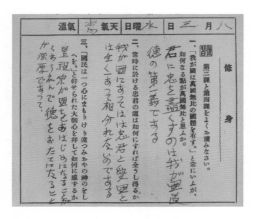

温氣 <ruby>青<rt></rt></ruby> 天氣 水曜日 三日 八月

修身

一、「我ガ國ハ萬國無比ノ國體ヲ有ス。」ト帝ニ讀みなさい。

如何なる點が萬國無比と思ふか。

君に忠を盡くすのは我が要旨

德の第一義である

二、我ガ國ニ於ケル忠君の道は如何にすれば全うし得るか

常時に於ける忠君と愛國とは全くあつて相分れなきのである

三、「國民は一つ心に立まもりけり遠つみ祖の神のをし

へを」と仰せられた大御心を拜して如何に處するか

皇祖宗が國をあはじめられたること如

くちうあんで德をおたてになること

が深厚であつて。

마츠모토에 의한 '수신' 문제의 답안. 질문과 답의 관계를 아무래도 잘 알 수가 없다.

어·국사 문제는 풀었지만 이과·산술·지리는 하나도 풀지 않고 백지 상태 그대로다. 필시 선생님에게 꾸중을 들었을 것이다.

'수신' 숙제에는 이런 문제가 나왔다.

1940년에 발행된 '돗토리현교육회'가 편찬한 『여름방학 학습』. 표지 그림은 아직 한가롭지만 내용은 "질문 : 다음 사람은 무슨 일을 합니까? 1. 당직 장교 2. 장통신병掌通信兵 3. 시종번병時鐘番兵26……" 같은 것이었다.

문제 : 교육칙어에서 "황조황종皇祖皇宗이 나라를 연 것이 굉원宏遠하고"라고 말씀하시는 것은 무슨 뜻인가?

교육칙어 문제는 있을 거라고 예상했지만 여기에 마츠모토가 "우리 신국의 근본정신을 보여주는 것이다"라고 연필로 술술 적어 넣은 것이 대단하다고 할까, 아무리 생각해도 질문에 대한 답이 아닌데도 당시에는 그래도 괜찮았다는 것도 대단하다.

문제 : 평상시 충군의 길은 어떻게 하면 완수할 수 있을까?

마츠모토는 이렇게 답했다. "우리나라에서는 충군과 애국이 완전히 하나여서 나눌 수 없는 것이다." 음, 이것 역시 빗나갔고, 알 것 같기도 모를 것 같기도 한 답이다. 아무래도 마츠모토는 수신 교과서를 베낀 것 같지만 미묘하게 빗나간 점이 재미있다.

마츠모토의 하기 학습장은 8월 26일로 끝났다. 그날 날씨는 '비'였다. 아울러 그날의 설문은 "여름방학에 있었던 일 중에 가장 인상 깊이 느꼈던 것을 적으시오"인데, 마츠모토는 그것을 완전히 무시하고 여름방학 마지막 날들을 걱정 없이 즐겼던 모양이다.

기원 2600년 고등여학교의 운동회

'고등여학교'란 전후의 GHQ(연합국 최고사령관 총사령부)에 의한 학제개혁 때까지 존재한 여자를 위한 중등교육기관이다. 입학 연령은 12세 이상, 수업 연한은 5년(1920년의 고등여학교령에 의한 규정)이라고 하니, 현재로 말하면 중학교에서 고등학교 2학년 정도의 아가씨들을 위한 학교였던 셈이다.

전전 고등여학교의 교사였던 사람의 아들로부터 「기원 2600년 봉축 사이타마 현립 구키ᄉ喜고등여학교 제19회 운동회 프로그램」을 받았다. 일자는 1940년 10월 29일, 아직 기원 2600년 캠페인이 한창이던 시기다.

프로그램을 보니 우선 개회식이 이상하다. 국가도 '제창'이 아니라 '봉창奉唱'이다. 궁성(=황거)에 요배를 하더니 이번에는 가시하라신궁橿原神宮(메이지 시대에 창건한 진무 천황을

구키고등여학교의 운동회 사진이 남아 있지 않아 제13회 메이지신궁 국민연성鍊成 대회에서의 '여자 400미터 운반 계주'의 역주 모습을 소개한다. 말 그대로 '양동이 릴레이'로 양동이가 바통을 대신하는 모습이다.
《사진주보》 제246호, 1942년 11월 11일

모시는 신사)에 요배한다. 배례한 뒤에는 '묵도'다. 과연 기원 2600년 봉축인 만큼 '국민의례'도 상당히 기합이 들어가 있다. 제법 수수께끼 같은 경기라고 하면 '건국 체조' '대일본 국민체조' '대일본 여자 청년 체조' '경정更正(자기 학교) 체조', 이렇게 체조도 네 종류나 된다. 그리고 '행진 유기遊技 기원 2600년 봉축'이란 어떤 안무였을지 무척 궁금하다.

사이타마 현립 구키고등여학교 제19회 운동회 프로그램
—
1940년 10월 29일

1. 국기 게양
2. 국가 봉창
3. 궁성 요배
4. 가시하라신궁 요배
5. 묵도
6. 개회사
7. 체육운동가 〈번영해간다 栄え行く〉
8. 운동

◎ 오전

1. 건국 체조 – 전체
2. 80미터 경주 – 3학년
3. 일인일각 一人一脚 경주 – 1학년 전반
4. 피난 경합 – 2학년 후반
5. 80미터 경주 – 1학년
6. 작업 준비 경쟁 – 4학년 후반
7. 80미터 경주 – 2학년
8. 장애물 경주 – 3학년 전반
9. 창가 유기遊技 : 어린 시절의 추억 / 행진 유기 : 기원 2600년
   봉축 – 1학년
10. 80미터 경주 – 4학년
11. 들것 계주 – 3학년

12. 작업 준비 경합 - 4학년 전반

13. 무도武道〈왜장도〉- 3학년

14. 행진 유기 : 기원 2600년 봉축 / 폴카세리스(?) - 2학년

15. 순운반順運搬 계주 - 4학년

16. 장애물 경주 - 3학년 후반

17. 대일본 국민체조 - 1 · 2학년

18. 2,600미터 계주 - 3 · 4학년 선수

◎ 오후

19. 봉축 무도舞蹈 - 전체

20. 피난 경합 - 2학년 전반

21. 줄다리기 - 1학년

22. 행진 유기 : 애국 행진곡 / 팍스타 마치バックスターマーチ - 3 · 4학년

23. 800미터 계주 - 통학단 선수

24. 행진 유기 : 기원 2600년 봉축 / 마주르카 3학년

25. 일인일각 경주 - 1학년 후반

26. 대일본 여자 청년 체조 - 3 · 4학년

27. 행진 유기 : 애국 행진곡 / 창가 유기 : 밀감선蜜柑船 - 1 · 2학년

28. 공毬鞠 경기 - 졸업생, 강습생

29. 무도〈왜장도〉- 4학년

30. 봉피封披 경합 - 내빈

31. 공굴리기 계주 - 2학년

32. 행진 유기 : 드림왈츠 / 창가 유기 : 국화菊 - 4학년

33. 제자리 돌고 나서 공차기 - 직원

34. 2,600미터 계주 - 1, 2학년 선수

35. 경정 체조 - 전체

36. 정상보正常步 행진 / 분열 행진 - 전체

비상시의 연하장

천황의 위광이 빛나는 황기 2600년의

신춘을 맞이하여 진심으로

무운장구를 기원합니다.

—「사변하 연하장 쓰는 법」,《주부지우》1940년 1월호

연하장 쓰는 법 코너는 여성 잡지의 고정 기획이지만 연하장의 내용까지 '국위 선양, 국운 융성의 축하를 잊지 않도록' 시국에 어울리는 것을, 이라는 기사의 분위기에는 놀라지 않을 수 없다.

기사 중에 "올해는 정부도 '연하장을 전장에!'를 표어로 장려하고 있기 때문에 알고 모르고를 불문하고 보내고 싶습니다"라고 되어 있는 것으로 보아, 이런 시국 연하장은《주부지

《주부지우》 1940년 1월호의
표지와 「연하장 쓰는 법」 코너

우》편집부가 생각해낸 것이 아니라 정부가 대대적으로 장려
한 것이었다고 여겨진다.

그러나 크게 호평을 받은 연하장 쓰는 법 코너도 1931년에
갑자기 사라진다. 연하우편 자체가 폐지되었기 때문이다. 그
징조는 중일전쟁이 발발한 1937년 말쯤부터 있었다. 1937년
11월 20일자《요미우리신문》기사는 다음과 같이 보도한다.

펄프 절약과 시기를 감안하여 9일의 각의에서 관리는 새해의
연하우편을 단호히 중지하기로 합의했고, 나아가 나가이永井 체
신상으로부터도 연하우편 취급 중지 의향도 흘러나왔다. 이 연하
우편 폐지는 머지않아 국민 총동원하에 있는 민간에 미쳐 다가올
1938년 호랑이해의 신년은 군국 풍경의 한 정경으로 '축하 우편'
이 없는 설이 될 것 같다.

《소녀구락부》 1937년 1월호 특별
부록 『연하장 본보기』. 이 무렵은
아직 '연하장'이 훌륭한 행사였다.

《바다와 배》 1945년 2월호. 이제
'연하장'이라기보다는 '불행의 편지'
에 가까운 물건으로 변모했다.

1940년이 되자 일반의 연하우편 특별 취급이 '당분간' 중지되었다. 요컨대 설날에 연하장을 배달하는 특별 취급을 하지 않게 된 것이다. 그리고 이듬해인 1941년 이후에는 당시의 체신성 스스로가 "서로 연하장을 보내지 맙시다" 하고 자숙을 호소하는 포스터를 제작했다. 이후 패전까지 연하장은 사실상 '중지'된다.

그런 가운데서도 '연하장 광고'라고 부를 수 있는 잡지 광고는 살아남았다. 예컨대 《바다와 배海と船》 1945년 2월의 표지 안쪽에 게재된 것이 옆의 그림에서 든 것이다. "짐승 같은 미국인 박멸을 신명에게 맹세하라"는 말을 설날부터 듣는다면…… 실로 가장 흉악하고 우울한 연초 인사일 것이다.

'후방'의 릿쿄고등여학교 보국단

　'후방'에서 살았던 젊디젊은 소녀들의 일상에 대해 쓰고 싶은 마음은 굴뚝같지만, 여기서는 릿쿄立教고등여학교 보국단 문집『드넓은 하늘おほぞら』(1943년 3월)을 소개하자. '보국단'이란 1941년 문부성의 통달로 각 학교의 학생회나 교우회 등을 군대처럼 조직화하고 이름을 바꾼 것이다. 릿쿄고등여학교는 현재의 릿쿄여학원 중학교·고등학교다. 당시와 마찬가지로 지금도 도쿄도 스기나미구 구가야마久我山에 있다.

　《드넓은 하늘》은 졸업문집으로, 사회로 나가는 고등여학교 5학년, 지금의 고등학교 2학년 아가씨들은 스승에 대한 감사와 학창 시절의 아름다운 추억을, 후배들은 "언니들, 잘 가요"하며 절절한 마음을 담았다. 읽다보니 뇌가 가려워지는 느낌이다.

《드넓은 하늘》 제23호, 1943년 3월. 원래 미션계인데도 그리스도교적 내용은 지면에서 완전히 일소되었다.

『드넓은 하늘』에 따르면 릿쿄고 등여학교 보국단은 다음과 같은 부로 구성되었다.

총무부 = 기획·연락·통제 등을 담당. 또한 '국가적 사회적 봉사' 등의 대응도 총무부의 관할이다.

단련부 = 농작·원예에 관한 사항 및 체육 등의 단련에 관한 기획을 담당.

국방훈련부 = 본교 특설 방호단을 조직하고 국방상 필요한 훈련을 담당.

학예부 = 학예의 발표, 공원, 영화 상영회, 견학 등을 담당.

생활부 = 보험, 위생, 양호에 관한 일을 처리.

보도부保導部 = 생활 훈련 및 청소 미화에 관한 일을 처리.

이 시기의 구제舊制 고등학교[27]의 보국단에 비하면 아담한 구성이었지만, 미션계 고등여학교라 하더라도 '국방훈련부'가 확실히 있었고 '특설 방호단'까지 있었기 때문에 놀라지 않을 수 없다.

이 보국단 문집의 '교내 행사' 연표를 보면 '특설 방호단'이 실시한 방화 훈련이나 방공 훈련 사이사이에 각종 근로 봉사

1944년 2월에 발표된 '전시 규격 합격의 여학생 결전복'. 거칠게 짠 비단 기모노를 몸뻬로 다시 만든 것으로 여겨진다. 여학생들은 '몸뻬'가 아니라 '바지'로서 멋을 내는데 집착하여 사진처럼 약간 헐렁하게 입는 것이 유행이었던 모양이다. 《요미우리 사진판》 1944년 2월 13일자

에 동원된 기록도 남아 있다. 이 시기는 아직 군수 공장에 동원되는 일은 거의 없었던 것 같고, '미타카다이역에서의 교통 안내'라든가 '이노가시라공원에서의 아동회에 대한 출동 근로' '궁성 외원 정비 작업' '백의 제작 근로 봉사' 등이었다. 또한 전시의 색이 농후한 행사도 많았다. '만주국 승인 10주년 기념행사' '군인 원호 강조 주간'이나 '낙하산 대회'를 비롯하여 〈하늘의 신병空の神兵〉〈하와이 말레이 해전ハワイ・マレイ沖海戰〉 등의 영화 상영회도 교내에서 이루어진 듯하다.

다만 그 가운데 7월 22일(수요일) 5학년 및 4학년 일부가 1학년생의 블루머bloomers를 제작하는 작업이 있었다. 1학년생의 블루머를 상급생 언니들이 만들었던 것이다. 여기에는 극도로 경악하지 않을 수 없었다. 굉장한 풍습이 있었구나, 하고.

칼럼 중국의 친구와 사이좋게 지내자

이 사진은 전전의 수험 잡지 《수험전受驗戰》(이건 굉장한 제목이다!) 1939년 1월호(영어통신사英語通信社 간행)의 표지. 일본의 군인과 중국인이 악수를 하고 있는 그림으로, 시기적으로 보면 제1차 고노에近衛 내각이 '동아 신질서' 구상을 내세우며 (1938년 11월),

이 신질서의 건설은 일만지日滿支 삼국이 서로 협력하여 정치, 경제, 문화 등 여러 가지 일에 걸쳐 쇠사슬처럼 상호 부조하는 관계 수립을 근간으로 하고, 동아에서의 국제 정의의 확립, 공동 방공의 달성, 신문화의 창조, 경제 결합의 실현을 기하는 것이다. 이는 실로 동아를 안정시키고 세계의 진운에 기여하는 방법이다.

라고 허풍을 떤 직후인 것으로 보아, 일본과 중국이 손을 맞잡는 분위기가 사회적으로도 조성되고 있었다고 여겨진다.

그건 그렇다 치더라도 이 표지는 모던하지만 냉혹한 그림이다. 양자가 악수하고 있는 지면을 보면 일본 군인은 이미 대륙에 양발을 내려놓고 있는 것에 주의해야 한다. 일본 군인은 무장하고 중국인은 무방비 상태라는 것도 정확히 양자의 관계를 상징하고 있다. 게다가 '수험전'이라는 제목이 뒤얽혀 상당히 초현실적인 분위기를 자아내고 있다.

그건 그렇고 뭐가 그리 기쁜지 지구가 웃고 있는 것이 불쾌하다.

ホマレハ
タカシ
キウグンシン

제3부

칭송하라, 팔굉일우

팔굉일우로 궐기하라

미야자키宮崎 시에 '팔굉지기주八紘之基柱'라는 기괴한 탑이 있다. 진무神武 천황이 "최초로 황거를 두었다"고 여겨지는 고구야皇宮屋 언덕에 지금도 우뚝 솟아 있다. 건설된 것은 1940년, 영광스러운 '기원 2600년'을 기념해서였다. 높이는 약 39미터에 이르고, 탑 정면에는 치치부노미야秩父宮(쇼와 천황의 남동생)가 쓴 '팔굉일우'라는 글자가 두껍게 새겨져 있다. '팔굉일우'라는 말은 『일본서기日本書紀』의 진무 천황 대목에 나오는 "팔굉을 덮어 집으로 하는 것八紘を掩ひて宇と為む"을 근거로 광신적 국수주의자였던 국주회国柱会의 다나카 치가쿠田中智学가 1903년에 만든 말이다. 중일전쟁이 발발하여 제1차 고노에 내각이 시작한 '국민정신 총동원' 운동(1937년 7월~)에서 '팔굉일우'는 대일본제국의 공식 이데올로기로 공인되었던 것이다.

일본은행권 '10전' 지폐(이호권ぃ・号券). 1944년 11월 발행. 전황의 악화로 인해 화폐로 사용할 금속이 부족하여 10전의 소액 지폐가 탄생했다. 이 그림에 '팔굉지주'가 사용되었다.

그때 내각·내무성·문부성이 '국민정신 총동원 자료'로서 간행한 소책자『팔굉일우의 정신』을 보기로 하자.

'팔굉八紘'은 '팔황八荒'이라고 한다. 팔굉은 팔방의 구석, 팔황은 팔방의 먼 끝이라는 뜻이고 모두 '세계의 끝'이나 '하늘 밑'이라는 의미다. '일우一宇'는 '일가一家'라는 뜻이고 전체적으로 통일과 질서를 가진 친화적 공동체라는 의미다. 따라서 '팔굉일우'란 황화皇化에 복종하지 않는 모든 재앙을 물리치고 일본은 물론이고 각 국가·각 민족으로 하여금 각자 그 장소를 얻고 그 뜻을 펼치게 하여 각 국가·각 민족은 자립·자존하면서도 서로 의지하고 도와 전체적으로 평화로운 일가를 이루고 그럼으로써 생성·발전해 마지 않는다는 의미다.

「우뚝 솟은 기념탑」,《유년구락부》1943년 2월호. 이 탑은 현재 '평화의 탑'이라는 이름이 되어 있다. '팔굉일우'는 그 대로인데……

즉 '팔굉일우'란 '온 세계를 하나의 집으로 만든다'는 의미이지만, 이 글에서는 '하나의 집'으로 만드는 것을 '황화皇化'라고 부른다. '일가'라고 하니 당연히 '가장'이라는 존재가 전제되어 있는 것이고, 그 역할은 어쩐 일인지 천황으로 정해져

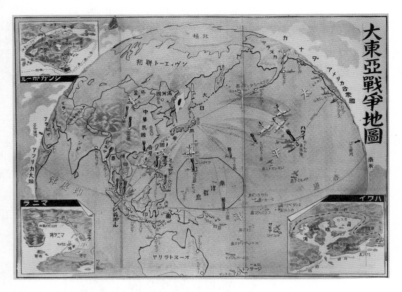

「대동아전쟁 지도」, 《부인구락부》 1942년 2월호. 전선의 확대를 우주의 시점에서 파악하고 있다.

있다. 다시 말해 천황의 위세 아래 각 국가, 각 민족이 넙죽 엎드림으로써 비로소 '팔굉일우', 즉 황화가 가능해진다. 당연히 '일가'가 되고 싶지 않은 사람들도 있는데 그런 사람들은 "황화에 복종하지 않는 모든 재앙"으로서 해치워진다.

　　그렇다면 일본은 어떻게 그런 높은 지위를 차지할 수 있을까. 이 팸플릿에서는 여러 가지 억지 이론을 내세우고 있다.

우리 일본이야말로 여러 국가와 민족에 솔선하여 죽음도 불사하는 불퇴전의 각오로 세계를 투쟁과 파멸에서 구제하기 위해 이 난국에 맞서야 한다. 그렇다면 왜 우리나라가 솔선하여 이 난국에 맞서야 할까. 그것은 우주의 대생명을 나라의 마음으로 삼고 이것으로써 표류하는 세계를 영원히 수리고성修理固成[28]하여 생성, 발전시키는 우리 천양무궁天壤無窮의 국체가 바로 전 세계에 천황의 덕을 널리 미쳐야 할 때를 당하여 있기 때문이다. (……) 국가·민족을 기본으로 하는 일대 가족 세계를 창조할 사명과 실력을 갖는 것은 세계가 넓다고 해도 우리 일본을 제외하고는 절대 없는 것이다.

"우주의 대생명을 나라의 마음으로 삼고"라는 구절 등 영적 세계의 어처구니없는 냄새가 물씬 풍긴다. 요컨대 일본

「기원 2600년 봉축－흥아興亜의 힘」, 《집의 빛》 임시 증간호, 1939년 12월. 진무 천황 같은 수수께끼의 거인이 지구 위에 서 있다.

이 만세일계 신의 자손을 천황으로 모시는 굉장한 나라라서 그렇다는 것인데, 자신들은 훌륭하다, 이유는 없지만 아무튼 굉장하다, 천황이 훌륭하니 우리도 훌륭하다는 것으로밖에 말할 수 없다. 중2병적 세계관이랄까, 자기만족이랄까, 바로 전단지 뒤에라도 써두라는 식의 작문이다.

1940년에는 제2차 고노에 내각이 책정한 '기본 국책 요항'에서 '팔굉일우'는 대일본제국의 국시가 되어 '대동아전쟁'을 지탱한 이데올로기적 핵심이 되었다. 책 팸플릿의 말미에서는 이렇게 주장한다.

일어나라! 국력 총동원을 위해!
펄럭여라! 팔굉일우의 깃발!

이리하여 우리 일본 민족은 부끄러운 네 글자를 내세우며 구름처럼 아시아를 덮쳤던 것이다.

망상 세계지도

1942년 12월 진주만 공격으로부터 1주년, 황국풍으로 올바르게 말하면 '선전조칙宣戰の詔勅'이 발포된 지 1주년을 맞이하여 정부 홍보 클럽지《사진주보》(제249호, 1942년 12월 2일)는 '대동아전쟁 1주년' 대형 특집을 꾸몄다. 표지는 상반신의 왼쪽 절반을 가지각색의 훈장으로 메우고 있는 도조 히데키東條英機가 얌전한 체하고 있는 사진이다. 평소보다 페이지를 늘린 이 특집호는 니주바시二重橋 앞에서 무릎을 꿇고 전승을 기원하는 가족의 모습을 권두에 싣고, 일본 육해군의 활약상을 역동적인 사진으로 전하고 있다. 이 한 해의 전과戰果를 자랑스럽게 다루는 기사 중에 "우리는 세계지도를 다시 칠하고 있다"는 일러스트가 있어 기절할 뻔했다.

전 세계를 독일·이탈리아·일본이라는 추축국 측과 미국·

영국을 비롯한 연합국 측
으로 나누고 각각의 도판
과 점령 지역을 다른 색
으로 칠한 것이다.

동아에서도 네덜란
드령 동인도제도, 미국
령 필리핀, 영국령 홍콩,
말레이, 버마 등에서 미
국·영국 색을 일소하고
전 동아에 일장기가 펄
럭펄럭 나부끼고 있다.

일본을 중심으로 하
는 동아의 국가들과 독일·이탈리아를 중심축으로 하는 유럽 대
륙의 국가들이, 태평양과 대서양을 사이에 두고 미국과 영국 등
의 국가들과 싸우고 있는 것이 현재의 전쟁이다.

(……) 우리는 이 세계지도가 추축枢軸 일색으로 칠해지는 날
까지 단호히 싸울 결의를 갖고 있다.

"세계지도를 다시 칠한다"는 것은 확실히 용맹스러운 구호이
기는 하지만, 이런 지도를 바라보며 흡족해하고 있는 것은 세계

22

《사진주보》 제249호에 실려 있는 "우리는 세계지도를 다시 칠하고 있다"는 세계 지도. 추축국 측과 연합국 측이 미세하게 구분되어 칠해진 아프리카도 흥미롭지만, 그 이상으로 구소련 지역을 다루는 것이 아주 흥미롭다. 독일의 침공을 받고 있는 지역은 '연합국 측'이고 그 이외는 '중립국'으로 취급되어 있다.

정복을 꾀하는 악의 비밀결사 두령 수준의 상당히 비범한 사람일 것이다.

한쪽에서는 '팔굉일우' 깃발 아래 아시아 식민지를 구미 열강으로부터 해방하는 '성전'을 선전하면서도, 다른 한편에서는 식민지 쟁탈전의 성과를 아무런 망설임도 없이 자랑하다니. 그건 그렇다 치더라도 정말 "세계지도가 추축 일색으로 칠해지는 날까지 단호히 싸울" 결의를 갖고 있었을까? 그런 것을 망상이라고 하는 게 아닌가.

미국 본토 공습

노요리 히데이치野依秀市(1885~1968)라는 괴인이 있었다. 전전부터 전시에 걸쳐《실업지세계實業之世界》라는 잡지를 출판하여 정재계의 스캔들을 써댔다. 전후에도 그 블랙 우국지사 행세는 변하지 않아 중앙공론사中央公論社의 '풍류몽담風流夢譚 사건'(《중앙공론》에 실린 후카자와 시치로深沢七郞의 소설 「풍류몽담」에 황실에 대한 '불경 표현'이 있다고 하며 우익이 중앙공론사 사장 집을 습격한 사건. 가정부를 칼로 찔러 죽이고 부인에게 중상을 입혔다. '시마나카嶋中 사건'이라고도 한다)에서도 아카오 빈赤尾敏 등과 관련되어 우익적인 태도를 보였다고 한다.

이 괴상한 인물은 '대동아전쟁'이 시작되기 한참 전부터 미국과의 결전은 불가피하다고 보고 '미국 본토 공습'을 가능하

노요리 히데이치, 『미국 본토 공습』. 표지 그림은 미국 풍경과 폭격기 일러스트와 콜라주. 소망을 표현한 디자인으로서도, 투척하는 폭탄이 수적으로 너무 위세가 안 좋아 송구할 정도인 것은 대체 어떻게 된 일일까.

게 하는 장거리 폭격기 개발을 되풀이해서 호소한 듯하다. 그런데 드디어 시기가 도래한 것으로 본 1943년에 '미국 본토 공습 비행기 헌납금 모집' 캠페인을 대대적으로 펼치기 시작한다. 그가 그 무렵에 쓴 『미국 본토 공습米本土空襲』(수문각秀文閣, 1943)을 읽어보면 노요리 히데이치의 이론 자체는 의외로 단순하여 "미국과 전쟁을 한다면 반죽임은 안 된다, 철저하게 죽여라. 미국 본토를 공습하여 수백만의 황군을 보내 지배하라"는 것이다. "반죽임은 안 된다"는 것은 총력전의 왕도이지만, 유감스럽게도 일본에 비해 현격하게 다른 미국의 생산력을 무시한 한심하고 슬픈 과대망상에 불과하다.

"싱가포르가 함락되어도 / 그것은 영국 제국 침략 100년의 / 죗값을 받아야 할 때로 / 아직도 남았다, 캐나다, 런던, 워싱턴"이라고 영국·미국 본토 공습을 망상하고 있던 정부 홍보지 《사진주보》 제208호, 1942년 2월 18일. 첫 승리에 너무 들떴다고 말할 수 있을 것이다.

이 노요리 히데이치의 '미국 본토 공습'이라는 소망적 망상은, 나날이 과대망상의 세계에 사는 망상증자들에게 때 아닌 열광을 불러일으켰다. 《실업지세계》 1943년 7월호에 "본사의 미국 본토 공습 비행기 헌납 자금 모집 계획과 여러 대가들의 절찬"이라는 아첨 기사가 실려 있다. 각계의 신사가 코멘트를 보내오는 가운데 유달리 이채를 띠는 것이 현양사玄洋社의 영수 도야마 미츠루頭山滿였다.

미국의 본진을 공격하라.

미국 본토 공습, 이건 유쾌하다. 반드시 실현하고 싶은 것이다.

(……) 무슨 일이 있어도 미국 본진을 해치우지 않고 전쟁을 종결시킨다면 그것이야말로 뭘 위해 미국과 전쟁을 벌였는지 모르게 된다. 돈만으로 비행기를 만들 수 없다는 것은 명백하지만, 그래도 미국 본토 공습의 국민적 기개를 보여주기 위해 돈을 모으는 것이 좋다.

가지지 못한 사람도, 가진 사람도 지금이야말로 돈을 낼 영광스러운 때다. 미국 본토 공습 비행기 헌납에 돈을 내는 것만큼의 선의는 없을 것이다.

"가지지 못한 사람도, 가진 사람도 지금이야말로 돈을 낼 영광스러운 때다." 이 한 문장으로 과연 정계의 흑막은 타인에게 돈을 내게 하는 요점을 터득하고 있구나, 하며 감탄할 뿐이다.

제국 주유 산수 帝國周遊算數

『초등과 산수 8』

1941년, 국민학교 발족과 함께 사용된 제5기 국정교과서들은 강렬한 야마토다마시이大和魂[29]와 대동아공영권을 떠받친 제국의 글로벌리즘과의 기묘한 혼효混淆를 전해주는 가장 알기 쉬운 텍스트다. 특별히 악명 높은 '수신' 교과에 한정된 것이 아니라 '습자'나 '산수'의 세부에까지 '제국'은 침투해 있었다.

예컨대 『초등과 산수 8』(제5기 국정교과서, 문부성·일본서적주식회사, 1941)에는 다음과 같은 문제가 나와 있다.

(4) 다음은 요코하마·쇼난·자카르타 구간 및 홍콩·시드니 구
　　간 기선의 항로다.

- 요코하마 ― (350해리) ― 고베 ― (240해리) ― 모지
　門司 ―(540해리)―상하이―(840해리)―홍콩―(1440해
　리)―쇼난―(533해리)―자카르타

- 홍콩―(630해리)―마닐라―(790해리)―다바오―(1700해
　리)―톨섬Tol ―(1340해리)―브리즈번―(510해리)―시드
　니까지의 항로 거리를 계산하라.

어쩐지 여행사의 취직 시험 같지만 '언젠가 모두 일본이 된
다'와 같은 세계 정복의 야망 냄새가 물씬 풍겨 즐겁다. 이런
문제도 있었다.

　요코하마―팔라우 구간의 정기 항공은 다음과 같다. (……) 이
　비행기의 평균 시속을 구하라.

아무래도 1940년 단계에 '요코하마―팔라우'의 정기 항공
로가 있었던 모양이다. 요코하마 출발이라는 것은 혼모쿠本牧
에 있던 요코하마 수상비행장일 것이다. 당시의 시각표에 따르
면 이 편은 요코하마에서 6시에 출발하여 사이판 16시 도착,

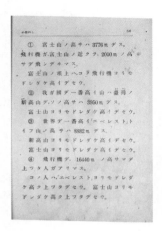

같은 교과서에 실렸던 문제. "우리나라에서 가장 높은 산"은 어디인가? 당시 그것은 타이완의 니타카야마(新高山)(3,950미터, 위산玉山의 당시 일본식 이름)였다. 패전과 함께 '일본에서 가장 높은 산'의 순서도 변한 것이다.

그대로 1박(!)하고, 이튿날 아침 8시 사이판 출발, 15시 팔라우 도착이다. 지금은 상상도 할 수 없을 정도의 느긋한 항공 여행이다. 초등학생의 산수 문제라 하더라도 "뻗어가는 대일본제국의 생생한 모습"이 전해지는 좋은 예다.

어느새 완전히 '대동아공영권 여행'에 빠져드는 신기한 산수 교과서인데, 전국 방방곡곡의 코흘리개들이 1941년부터 종전까지 교실에서 이런 호화 해외여행의 꿈에 부풀었다는 것은 놀라운 일이다. "전쟁은 해외여행 같은 것이었다"는 전 병사의 증언을 읽은 적이 있는데 확실히 그럴 것이다. 교실에서 아이들에게 조성된 광대한 대동아에 대한 동경은 바로 제국의 실현 불가능한 꿈이기도 했던 것이다.

꿈의 대동아 횡단 여행

'대동아전쟁'의 서전緖戰에서 대영제국의 가장 중요한 아시아 거점인 싱가포르가 함락된 것이 1942년 2월 15일이었다. 싱가포르 함락 소식은 전 일본을 들끓게 했다. 싱가포르는 '쇼난토昭南島'라고 개명되었고, 그 이후 싱가포르의 '황화', 즉 대일본제국에 의한 지배는 착착 진행된다. 당시의 신문이나 클럽지를 들춰보면 점령 직후의 화교 대학살도 "항일 화교 일제 검거"라는 조그만 기사(《아사히신문》 1942년 3월 4일자)로 보도를 끝낸다. 래플스호텔Raffles Hotel이 일본군에 접수되어 '쇼난여관'(!)이 되었다거나, 점령한 지 3개월 후인 1942년 5월 7일에 야마시타 토모유키山下奉文 중장의 착상에 의한 '쇼난신사'의 지진제地鎮祭를 했다거나, 거리에 '아이우에오アイウエオ'가 흘러넘쳤다거나 하는 기사가 연일 요동치고 있었다. 싱가포

르가 마치 섬째 작은 일본이
된 것 같았다.

그런 분위기 속에서 《사진
주보》에는 이런 뻔뻔한 기사
가 실렸다.

"그럼 다녀오겠습니다" 하
고 가방 하나만 들고 올라탄
열차가 시모노세키, 경성(지
금의 서울), 펑톈(지금의 선
양), 베이징, 광둥廣東, 하노

이, 사이공, 방콕을 거쳐 마침내 그대로 휙 쇼난까지 갈 수 있다면
얼마나 멋진 일일까. (……) 하지만 이 멋진 꿈은 우리가 살아 있
는 동안 충분히 볼 수 있는 정몽正夢으로서의 가능성을 갖고 있
다. 아니, 이미 특급 쇼난행 열차가 계획되고 있다.

—「특급 쇼난행」, 《사진주보》 제242호, 1942년 10월 14일

대동아공영권을 철도로 종단하는 미래 예상도는 독자에게
선명한 이미지를 심어놓았을 것이다. 애초에 '대동아공영권'이
라고 해도 특별히 자신들의 생활과는 관계없다고 생각하던 사
람도 많았을 것이다. 어용 슬로건에 복종하지 않는 사람들에

《사진주보》에 게재된 기사 「특급 쇼난행」. '쇼난'이란 함락한 싱가포르에 붙여진 '일본명(?)'이다. 그림 속의 철도 노선은 '대동아 종단 철도'의 계획 노선이었다.

게, 어떻게 하면 이번 성전의 위대한 의의를 알게 할 수 있을까.《사진주보》를 편집하고 있던 내각 정보국은 아마 그런 것을 생각했을 것이다.

잠꼬대는 일단 잠이 든 뒤에 하라니까, 라고 말하면 그뿐이지만, 서민에게 주어진 그런 '꿈'이 전쟁 수행에서 의외로 큰 역할을 한 것이 아닐까.

"하지만 면화가 있었으면"

'대동아전쟁' 서전의 승리로 광대한 판도가 우리 대일본제
국으로 들어온 상황의 한복판에서 가장 기세가 대단했던 것은
비즈니스맨들이었다. 《이코노미스트》(1942년 1월호, 도쿄니
치니치신문사 · 오사카마이니치신문사)에서 '소식통'인 저널리
스트들이 이런 탐욕스러운 아저씨들을 향하여 「남방권의 통치
와 경제를 말한다」라는 좌담회를 열었다.

4. 상당히 장기적인 군정이 필요

후지오카藤岡啓(《도쿄니치니치신문》 총무부장) : 아무튼 동인도의
통치는 3백 년에 걸친 네덜란드 정부의 뒤를 이어 하는 만큼 상당
히 어려울 것으로 생각합니다. 다시 말해 일본군이 지도하면서 군
정을 해나가는 것이 당면한 근본 문제이고 독립을 시킨다거나 시

키지 않는다는 것은 그 후의 문제입니다.

요시오카吉岡文六(《도쿄니치니치신문》 부주간 동아부장) : 군정 기간이 상당히 길어질 거라고 봐도 좋겠군요.

후지오카 : 도조 수상이 말한 대로 이곳 주민이 일본군에게 얼마나 협력했는지를 채점하는 것이라 군정 기간도 상당히 길어지는 것이 좋다고 생각합니다.

당시 횡행하던 '대동아 해방'의 절규(설교?)에 비하면, 전승의 열기에 들떠 있었다고는 해도 상당히 냉정하게 자원 개발의 계산을 하고 있는 점이 흥미롭다. 인도네시아의 독립이 "이곳 주민이 일본군에게 얼마나 협력했는지"에 따라 결정된다는 발언은 '대동아 해방'의 슬로건이 새빨간 거짓말이었다는 것을 알 수 있다. 나아가 노골적으로 아시아의 자원이 탐난다는 고백이기도 했다.

후지오카 히라쿠藤岡啓, 『대동아 경제 건설의 구상大東亜経済建設の構想』, 아르스아르스, 1942. 전편에 걸쳐 이곳 자원은 이렇게 사용하고 저곳 자원은 반드시 필요하다, 하며 망상적으로 갈겨 쓴 기이한 책.

「대동아 점령지 자원은 앞으로의 전력이다」, 《사진주보》 제249호, 1942년 12월 2일. 정부 홍보지이므로 '대동아전쟁'이 자원 전쟁이라는 것을 뻔뻔하게 과시하고 있다. 아직도 이를 '해방 전쟁'이었다고 말하는 사람이 있다는 것이 놀라울 뿐이다.

요시오카 : 버마의 면화 작황은 어느 정도입니까?

이데#手 : 기록상으로는 문제가 되지 않을 정도로 적습니다.

(……)

요시오카 : 그야 그렇겠지요. 하지만 면화가 있었으면 싶네요. 필리핀 주변에서 고구마 경작지의 절반 내지 3분의 1을 면화 경작으로 바꾼다고 해도 고구마 경작지 면적은 정말 협소합니다. 예컨대 3만 정보를 면화 경작으로 돌린다고 하면, 대체로 중국의 계산으로 할 경우 3만 정보는 15만 피컬[30] 정도

밖에 안 나옵니다. 15만 피컬이라면 대체로 10만 추鍾를 갖고 있는 공장이 1년 동안 소비할 분량밖에 안 됩니다. 적어도 500만 피컬 정도는 어딘가에서 구했으면 싶네요.

대동아공영권은 어차피 배타적 경제블록에 지나지 않기 때문에 '대동아전쟁'의 본질은 그 중심 담당자인 엘리트 샐러리맨들의 '현실주의'에서 들여다보이는 것이 아닐까.

파시스트 소녀 프란체스카

1941년 1월, 독일·이탈리아·일본 삼국의 소녀가 《사진주보》(151호)의 표지에 등장한다. 이 세 명의 소녀는 앞에서부터 각각 베르토니 이탈리아 대사관 소속의 육군 무관의 딸 프란체스카, 아라키 짓포荒木十畝 화백의 손녀 아키코, 오토 독일 대사의 딸 우르술라이다.

이들은 히틀러·무솔리니·고노에 후미마로近衛文麿, 세 수괴의 얼굴이 그려진 나무채를 든 채 줄지어 서 있다. 본문에는 프란체스카가 일본의 실뜨기나 고타츠(각로)를 신기해하는 사진이 있고, 표지에서 입고 있는 외투를 벗자 그녀의 블라우스 가슴께에는 파시스트 소녀단의 배지가 빛나고 있다. 파시스트소녀단이라고 하면 나치 독일의 BdM(독일소녀동맹) 같은 것인가 했더니 제복 디자인으로 보아 세련된 정도가 너무 다르다.

《사진주보》제151호, 1941년
1월 15일

그런 것은 아무래도 좋지만, 프란체스카가 전쟁 말기에 어떻게
되었는지, 그 행방은 궁금하다.

아시다시피 파시스트 이탈리아는 1943년 7월에 붕괴한다.
무솔리니의 실각으로 수상에 임명된 피에트로 바돌리오 원수
는 그해 9월에 연합국에 항복함으로써 철의 결속을 자랑하던
독일·이탈리아·일본의 삼국동맹은 해체됐다. 문제는 그 여파
가 주일 이탈리아 대사관에 어떻게 밀려들었느냐다.

프란체스카의 아버지 귀도 베르토니 중령은 바돌리오 원수

"따뜻한 고타츠도 신기하지만 차례로 모양을 바꾸는 실뜨기도 신기하다." ……카메라맨은 프란체스카만 찍고 있다. 귀여워서 어쩔 수 없었던 것일까.

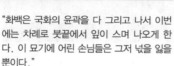

"화백은 국화의 윤곽을 다 그리고 나서 이번에는 차례로 붓끝에서 잎이 스며 나오게 한다. 이 묘기에 어린 손님들은 그저 넋을 잃을 뿐이다."

가 쓴 『에티오피아 전쟁エティオピア戦役』(가네시로출판金城書房, 1942)의 번역자로서 이름을 올렸다. 그렇다면 바돌리오파였던 것일까. 아니면 나치 독일의 주선으로 탄생한 파시스트당 잔당에 의한 이탈리아 사회공화국(이른바 살로 공화국) 측에 붙었을까. 여러 가지로 조사해봤지만 유감스럽게도 더 이상은 알 수가 없었다.

아울러 독일의 오토 대사의 말로는 비참했다. 이《사진주보》

가 나온 무렵은 아직 조르게 사건[31]이 발각되기 전이었다. 리하르트 조르게를 신뢰하여 사적인 고문으로 대우했던 오토 대사는 사건이 발각된 1941년 10월로부터 1년 후에 주일 대사에서 해임되고 전시에는 베이징에 있었던 듯하다. 우르술라도 베이징에서 좌천의 비애를 한탄하고 있었을 것이다.

한편 무솔리니가 스스로 서명한 사진을 보내올 정도의 '추축枢軸 화백'이었던 아라키 짓포는 1944년 9월에 병사했다. 아키코의 행방은 묘연하다. 독일, 이탈리아, 일본 방공협정의 상징으로서 《사진주보》의 표지를 장식한 세 소녀들은 어떤 전후를 맞이했을까.

"아버지가 할 일이 아니다"

정부 홍보지 《사진주보》 표지 뒤에 매호 실려 있던(첫 페이지에 천황 사진이 실릴 때는 뒤표지 등으로 이동) 「이 시대의 팻말」이라는 설교 계통의 황국 시 코너가 있다. 이것이 꽤 감동을 주는 프로파간다다.

전도는 양양하게 열렸다 / 우리의 자식이나 손자는 반드시 풍요로운 생활을 할 수 있을 것이다 / 그러나 그것은 자식이나 손자에게 주는 선물이지 / 지금 당장 자신들의 것으로 / 하려는 것은 아버지가 할 / 일이 아니다

—《사진주보》 205호, 1942년 1월 28일

이는 개전으로부터 약 두 달이 지나 이겼다, 이겼다, 하며 나

時 の 立 札

前途は洋々と開けた

私達の子や孫は必ず豊かな生活が出來よう

しかし、それは子や孫への贈物で

あって、今すぐ、自分達のものに

しようなどとは、お父さんのする

ことではない

「이 시대의 팻말」, 《사진주보》 제205호

라 전체가 들떠 있을 때 나온 것이다. 이겨서 투구의 끈을 죄자, 하는 것을 말하고 싶었겠지만 "지금 당장 자신들의 것으로 하려는 것은 아버지가 할 일이 아니다"라는 '고언'이 상당히 우습다. 역시 당시의 국민감정으로서, 남양南洋의 자원이 손에 들어왔다, 야호, 하는 '아버지'들이 많았다는 것을 엿볼 수 있다.

전승 기분과는 반대로 사실 1942년 1월부터 소금, 된장·간장은 배급을 통제하고 있었고, 섬유 제품은 '의류배급표제衣料切符制'가 도입되어 있었다. 얼마 후 그해 6월의 미드웨이 해전에서 대패한 이후, 12월에는 과달카날섬 철퇴 등 전황은 점점 악화하고 있었다. 개전한 지 1년도 안 되어 국민 생활은 단숨에 물자가 없는 상황에 놓이게 된 것이다. "전시 생활" "결전 생활"이라는 유행어가 매스컴에 흘러넘쳤고, 서전의 승리 분

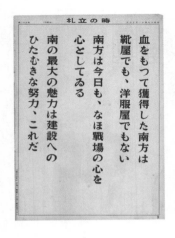

札立の時

血をもつて獲得した南方は
靴屋でも、洋服屋でもない
南方は今日も、なほ戰場の心を
心としてゐる
南の最大の魅力は建設への
ひたむきな努力、これだ

손바닥을 뒤집듯이 너무 남방의 자원에 기대를 하지 말라는 분위기로 바뀐 「이 시대의 팻말」, 《사진주보》 제247호, 1942년 11월 18일

위기는 일변하여 국민에게 혹독한 내핍 생활을 요구하는 무거운 분위기로 바뀐다. 그해 12월, 「이 시대의 팻말」은 이렇게 말하고 있다.

고무가 부족하다, 설탕이 적다고 하며
곧 남쪽을 입에 담아서는 안 된다
남방 건설은 우리의 생활
안에 있다

—《사진주보》250호, 1942년 12월 9일

이 얼마나 비참하고 한심한 슬로건이란 말인가.

『표준 중국어 속성 학습』으로 보는
일본 해군 표준 회화

중국 침략과 함께 당연히 말단의 군인도 중국어를 배울 필요가 있었던 모양으로, 포켓판 '중국어 회화' 같은 소책자가 다수 출판되었다. 1938년 호문사浩文社라는 데서 출판된 『표준 중국어 속성 학습』을 입수했기 때문에 「전쟁·군사 용어」편에서 몇 가지를 소개하기로 하자.

『표준 중국어 속성 학습』

일본군은 전 세계에서 가장 강하다 / 日軍是世界上最強

중국은 졌다 / 中国打破了

이 부분은 전형적인 것이다. 다음의 「정찰」 편이 되면 생생하다.

ケムリゼメ
惠州ノ戰ノトキ、ドウ
シテモ、オチナイ。
ーチカガアリマシタ。
ソコデ、ワガ軍デハ、
「ヨシ、ソレナラバ、ガ
ウシチャル」ト松葉ニ
火ヲツケテ、ソノケム
リデ、トーチカノ中ニ
フキコミマシタ。中ニ
キタ敵兵ガ、ミンナク
ルシガッテ、ゾロゾロ
コロザ、カタッパシカ
ラ、イケドッチシマ
ライケドッチシマ
シタ。

이봐, 멈춰 / 瞎站住

너한테 묻는다 / 我問儞

사실을 말하지 않으면 죽이겠다 /
儞不肯說実話把儞的命要了

이 주변에 병사가 얼마나 있느냐? /
這辺兒有多少兵

「징발」편도 굉장하다.

우리는 소, 닭, 집오리 등이 필요하다 /
我們要猪牛鷄鴨甚麽的

지금 어떤 채소가 있느냐? / 現在都育甚麽靑菜

있는 대로 가져와라 / 有多少給送多少來

「신문訊問」편이 되면 이렇다.

네 이름은 뭐냐? / 儞叫甚麽

뭘 하고 있느냐? / 幹甚麽

신체검사를 하겠다 / 搜搜儞的腰

「토치카의 연기 공세」, 그림책 『한커우 공략 – 황군 분전 화보漢口攻略 皇軍奮戦画報』, 강담사, 1938

너는 인부로 변장하고 군 상황을 정찰하러 온 거지? /
倆是化裝苦力偵察軍情來的

빨리 자백해 / 快招認

그렇지 않으면 총살하겠다! / 不然槍斃

이 무슨 회화 시나리오란 말인가! 황군 병사는 이 회화 수첩을 넘기며 더듬거리는 말로 신문하고, 영문을 알 수 없게 되면 "그렇지 않으면 총살하겠다然槍斃!"하고 고함을 쳤을 것이다. 조금 무서워졌다.

남방의 자원에 대한 한없는 동경

'대동아전쟁' 발발과 함께 세상의 아버지들은 남방의 자원에 침을 질질 흘렸음을 보여주는 것 중의 하나로, 당시 엄청나게 출판된 '대동아 자원책'들이 있다. 시험 삼아 국회도서관에서 검색해보니 그 수가 백 수십여 권을 넘는다. 그중에서도 노골적인 이름의 잡지가 있었다. 《주간대동아자원週刊大東亞資源》이다. 창간은 1942년 7월이다. 바로 이겼다, 이겼다, 하며 들떠 있던 무렵이다. 발행처는 일간 공업신문사日刊工業新聞社로, 현재

《대동아 자원》 1942년 11월 15일호

도 남아 있는 전통 있는 신문사다.

겉으로 보기에는 비즈니스맨을 위한 경제지이지만, 해외 진출 안내도 겸하고 있어서 현지 민족의 풍속 보고나 역사 관련 읽을거리 등도 들어 있다. 페이지 수가 많진 않지만, 마치 '경제 침략 종합 잡지' 같은 분위기의 두둑한 내용이다.

옆에 있는 같은 잡지의 1942년 11월 15일호의 차례를 보니 다음과 같은 기사가 늘어서 있다.

만주 자원 조사대의 추억담

프랑스령 인도차이나 광산 사정

강남江南의 가을

전시 수송 강화에 대하여

'자원을 둘러싼' 알래스카사

자바전쟁

독일 점령지 공작 착착 진행되다

대동아 자원 강좌

그 밖에 해외 단신에 「자바 군정의 육법령 공포」「버마족과 종교성」「뉴질랜드 지식」이 있고, 그림은 안남安南산맥에 사는 「카족의 생태를 본다」로, 상당히 다채로운 내용이다.

모든 기사를 관통하고 있는 것은 '어디에 어떤 자원이 있고

「남양은 보물 창고」, 강담사의 그림책 『대동아 전쟁』, 1942

장래성은 있는가 어떤가' 하는 냉철한 계산이며, 본문은 광물에서 농산물까지 산출량의 숫자로 완성되어 있는 듯하다.

국회도서관의 데이터에 따르면 이 잡지는 1943년 말까지 간행된 모양이다. 전황의 악화와 함께 대동아권의 자원 개발에 대한 투자는 이미 그림의 떡이 되었을 것이다. 하지만 이 '대동아 자원학'이라고도 할 수 있는 자료의 집적은 일본에서 아시아 지역 연구의 단서였다. 이 연구 성과가 그대로 전후로 넘어와 일본 기업의 아시아 진출의 기초가 되었다고도 할 수 있을 것이다.

'자원전'으로서의 '대동아전쟁'은 1945년 8월 15일로 종언을 고한 것이 아니었다.

교실 안의 남양

전시 일본의 학교 교육 현장에 시국의 추이와 일치시킨 프로파간다 교재를 계속 제공했던 미디어 중 하나가 라디오였다. 학생의 청취에 특화한 방송이 시작된 것은 만주사변(1931)을 계기로 한 시국 계몽 프로그램부터다. 이후 중일전쟁·대동아전쟁을 거쳐 패전까지 신국의 신탁을 전파에 실어 전국의 착한 아이들에게 전했다.

1942년 당시의 프로그램 표를 보면 국민학교용으로는 〈히노마루 깃발〉〈일본 만세〉〈군인 아저씨, 고맙습니다〉〈군견의 공로〉〈군함 생활의 하루〉〈야스쿠니 영령에게 바친다〉 등이 이어진다. 〈신무기 이야기〉〈기계화 부대〉〈만주 소식〉은 중학생 정도의 아이들용이다. 〈동아공영권 순례〉 같은 프로그램도 있어서 글로벌한 시야를 가진 황국민을 활발하게 육성했

자카르타의 현지인 학교에 건설된 니노미야 긴지로二宮金次郎 동상. 이 사진을 보고 '침략'이란 이런 것이구나, 하고 절절히 느꼈다. 《사진주보》 제279호, 1943년 7월 7일

던 모양이다.

그런 라디오 교육 프로그램을 이용한 수업 예를 모은 것이 『국민학교 방송 교육의 실천』(도쿄제일사범학교 여자부 부속 국민학교 지음, 일본방송출판협회, 1943)이다. 예컨대 1942년 12월 16일 방송된 〈남양 소식〉이라는 프로그램을 이용한 수업을 보면, 프로그램은 "이곳은 팔라우입니다"라는 말로 시작하여 현지의 '국민학교 아동이 바나나를 따는 소리'(어떤 소리가

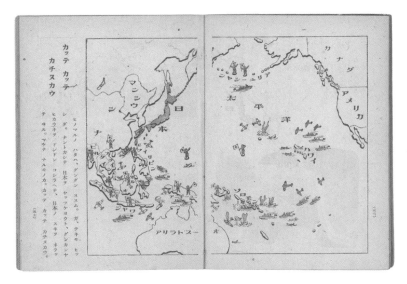

제국의 광대한 도판에 대한 계몽은 유아 때부터 이루어졌다. 《착한 아이의 벗》 1943년 5월
호, 소학관小学館

나지?), '스콜 소리' '과일 이야기' 외에 합창 '황국 2600년' '군
인 아저씨, 고마워요' 등 남양으로 뻗어가는 대일본제국의 판
도를 충분히 느끼게 하는 구성이다. 청취 후의 지도도 대단하
다. "전체적으로 인상 깊게 느낀 것은?" 하고 교사가 물으면
우등생 몇 명이 "그쪽 아이들이 천황 폐하께 충의의 마음을
갖고 있는 것에 감탄했습니다"라고 대답했다고 하니, 그야말
로 잘 만들어진 이야기라고 하지 않을 수 없다. "30년 사이에

황화皇化가 널리 미쳐 원주민이 행복하게 살고 있는 것, 원주민이 나체로부터 옷을 입게 되었다는 데서 일본의 국력 발전"을 생각하게 하는 것이 수업의 '목적'인 듯하다. 수업의 결말에는 "남양이라고 하면 상당히 멀게 생각되었지만 '대동아전쟁' 이후 무척 가까워진 것 같습니다. (……) 어디까지라도 더욱 퍼져갈 것입니다. 우리도 나라를 위해 좀 더 진력합시다"라고 교사가 유도한다. 아직도 남양의 원주민에게 의복을 입힌 대일본제국이 좋은 일을 했다고 생각하는 사람은 이 프로그램을 보고 새삼 천황의 마음이 광대하다는 데에 감격의 눈물을 흘릴 것이다.

라디오 체조의 제국

매일 아침 근처의 공원에서 체조를 하는 사람들이 있다. 라디오 체조는 여름방학에만 방송된다고 믿고 있었는데 그렇지 않았다는 것을 알고 깜짝 놀랐다. 이 라디오 체조의 기원을 더듬어 찾아보면 1928년까지 거슬러 올라가는 듯하다. 1930년 무렵부터의 정부 홍보지인 《사진주보》를 보면 라디오 체조를 하고 있는 사진이 이상하게 많다.

1942년 7월 21일부터 8월 30일까지 '건민 운동 하계 심신 단련 운동健民運動夏季心身鍛鍊運動'이 전 국민을 총동원하여 개최되었다. 당시 《아사히신문》의 보도에 따르면 이렇다.

운동 제1일째는 우선 구단九段 야스쿠니신사 성역에서 나오는 고이즈미小泉 후생상의 격려의 말로 막이 열린다. 단련 기간 중인

《사진주보》 창간호, 1938년 2월 16일. "치켜든 히노마루, 후지산, 대자연 속에 약동하는 소국민의 건강한 리듬. 단련하자 몸, 고양하자 마음(……)"이라는 리드미컬한 설명문이 붙어 있다.

7월 21일부터 8월 20일까지 매일 아침 일찍 전국 방방곡곡에 이르기까지 신사나 가두에서 전 국민이 각 지역마다 열리는 '하계 심신 단련 라디오 체조 대회'에 참가하여 단련에 힘쓴다.

　무엇보다 놀라운 것은 전 국민이 여름방학 기간 중 매일 아침 라디오 체조를 하게 되었다는 점이다. 이건 참을 수 없는 일이다. 이런 것은 일본사 교과서에 쓰여 있지 않았다. 아마 출석 카드 같은 것도 있어서 자치회나 도나리구미隣組32의 조장에게 도장을 받았을 것이다. 이 얼마나 어처구니없는 국가란 말인가.

제1일인 (7월) 21일은 중앙회장을 야스쿠니신사 경내로 하고, 시내의 라디오 체조 회원, 도나리구미, 자치회원 등 모여든 3만 명을 앞에 두고 고이즈미 후생상이 오전 5시 45분부터 "대륙에서, 남방에서 생사를 넘나들며 분투하는 장병과 같은 마음가짐으로 단련에 힘써주세요"라고 10분간 격려의 말을 했고, 이어서 다케이武井 후생차관이 체조복 차림으로 용감하게 마이크를 잡고 반주에 맞춰 "하나 둘 셋" 씩씩하게 라디오 체조의 구령을 하여 전 국민의 앞장을 서게 되었다.

1941년 여름에 개최된 국민적 라디오 체조 대회는 "흥아 봉공 심신 단련 라디오 체조대"라는 이름이 붙었다. 이때의 참가자는 2만 명(주최 측 발표). 《사진주보》 제181호, 1941년 8월 13일

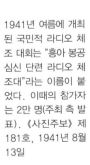

이는 7월 19일 신문에서 모레 행해지는 중앙집회의 모습을 후생차관의 "체조복 차림으로 용감하게"라고 쓰고 있는데, 마치 보고 온 것처럼 거짓말을 한 것이다.

그건 그렇다 치더라도 야스쿠니신사를 라디오 체조의 중앙 회장으로 하고 아침 일찍부터 3만 명이 모인다는 것은 무시무시한 사태다. 국가적 이벤트 회장인 야스쿠니신사의 위치도 흥미롭지만, 후생차관 아저씨가 트레이닝복 차림으로 구령을 한다는 것은 상상하는 것만으로도 역겹다.

라디오 체조와 대동아공영권

대동아 일제히 라디오는 외친다, 하나, 둘, 셋

필리핀에서도 홍콩에서도 자바에서도 괌에서도 또한 버마에서도 지금 라디오 체조는 내지와 마찬가지로 건민 운동의 제일선입니다.

"떠오르는 아침 해를 맞으며⋯⋯"

맹주 일본에서 방송되는 낭랑한 라디오 체조의 노랫소리는 이 광대한 공영권의 각 지역을 연결하여 이제 말 그대로 대동아가 하나가 되어 강력한 체육 연습을 전개하고 있습니다.

전파가 퍼뜨리는 희망과 건강의 선물—언뜻 보기에도 연약한 원주민들의 체격도 이런 라디오 체조의 보급으로 건설과 보조를 맞춰 머지않아 좋아지겠지요. 진정한 공영권의 확립은 라디오 체조에서부터, 라는 것입니다.

　　라디오 체조는 전쟁과 함께 아시아 국가들에 수출되었다.
"연약한 원주민들의 체격" 등이라는 잘난 척하는 언사는 질색
이지만, 대동아공영권 위계의 정점에 선 '맹주' 일본이 아시아
를 어떻게 보고 있는지를 잘 알 수 있다.

　　시기상 순서가 조금 바뀌지만, 가장 심한 것은 《집의 빛》
1939년 5월호에 게재된, 중국에서의 라디오 체조 사진에 붙은
설명문이다.

　　　　하나, 둘, 셋, 넷…… 하고 지금은 이미 완전히 일본인인 체하는
　　　　중국인이 이곳저곳에서 일본식 라디오 체조를 하며 즐거워하고
　　　　있다.

　　자신들이 라디오 체조를 수출하여 중국 사람들에게 강요했
으면서 "완전히 일본인인 체하는"이라고 할 건 아니지 않은

「라디오는 외친다 하나, 둘, 셋」, 《사진주보》 제250호, 1942년 12월 9일

가! 여기서도 라디오 체조는 '광대한 공영권의 각 지역을 연결하여 이제 말 그대로 대동아를 하나'로 만들기 위한 수단으로 활용하는 것에 주목하고 싶다. '맹주 일본(!)'에서 대동아 공영권을 향해 매일 아침 라디오 체조가 방송되었다는 사실은 몰랐지만, 이건 바로 전파에 의한 '팔굉일우'다. 이렇게까지 제국주의 일본이 라디오 체조를 편애한 데는 이유가 있었던 것이다.

「흥아의 건설」, 《집의 빛》 1939년 5월호 권두 그림

수수께끼의 '열대 진출력'

　'대동아공영권' 건설의 큰 과제 중 하나로 "일본인은 열대에서 생활해나갈 수 있을까?" 하는 문제가 있었다고 한다. 이겼다, 이겼다, 하며 들떠 있던 전쟁 개시 직후에는 남양으로 이주하는 사람들을 위한 '남방 안내서'가 수없이 출판되었고, 남양에서 새로 사업을 시작해보려는 사람도 상당한 수에 이르렀기 때문에 열대에서의 생활이 괜찮을까, 하고 많은 사람들이 걱정했을 것이다.

　그 연구에 몰두한 것이 『일본인의 열대 적응성』(태평양회太平洋協会 엮음, 육흥상회출판부六興商会出版部, 1943)을 쓴 의학박사 나카야마 에이지中山英司다. 더위에 강한 사람이 있다면 약한 사람도 있을 텐데, 하나로 묶어 '일본인'의 생물학적 환경 적응 능력의 문제로 삼았으니 굉장하다고 하지 않을 수 없다.

이 책의 핵심어는 '열대 진출력進出力'이라는 신기한 힘이다.

> 일본인은 이제 열대에서의 활약 없이는 앞으로의 국운 신장을 생각할 수 없다. 일본인의 열대 진출력의 유무는 대동아 건설의 성과에 직접적으로 영향을 미친다. 전투력에서 전 세계에 보여준 우리 민족의 우수성을 열대 진출력에서도 마찬가지로 발휘해야만 한다.

첫머리에서부터 이렇게 선전하고 있다. 일본인이라면 '열대 진출력을 키워라'고 호령하는 셈이라 이제 큰일 났다고 생각한, 더위를 많이 타는 사람도 많았을 것이다.

나카야마 박사는 일본인의 열대 적응성을 과학적으로 검증하기 위해 팔라우와 사이판에 거주하는 일본인 2,188명에 대해 '신체검사, 체력 검사, 정신 측정, 지능 검사, 성능性能 검사'를 실시하고 많은 체험담을 수집했다고 한다. 아, 아울러 '성능'은 생식 능력이 아니라 손재주가 좋은지를 테스트하는 것이니 오해하지 않도록.

나카야마 에이지, 『일본인의 열대 적응성』

'쇼난 신사 진좌제鎭座祭'의 모습, 《사진주보》 제246호, 1943년 3월 24일

그 결과 특필할 만한 것은 남양 거주 일본인의 '정신 상태'라는 항목이다.

진지해질 수 없다 / 힘든 일을 싫어한다(객관적으로는 교활하다) / 항상 편하게 지내며 득을 보는 기분이 작동한다 / 국가 관념이 없다 / 교양이 부족하다 / 동작이 아주 느리다

이런 것이 특징이라고 되어 있다. 조사 결과라기보다는 개

인적인 욕지거리의 폭풍이다. "항상 편하게 지내며 득을 본다" 라든가 "국가 관념이 없다"는 것은 최고의 슬로 라이프라고 생각하지만, 아시아의 맹주 대일본제국으로서는 정말 한심한 경향이라고 보고되었다. 나카야마 박사는 특히 "교양이 부족하다"는 것에 대해 "아마 교제를 한다면 불쾌할 것이다. 처음으로 도항한 교양 있는 사람의 마음을 어둡게 하는 한 원인이다"라고까지 썼다. 아마 박사와 현지 거류민 사이에 뭔가 불쾌한 일이 있었던 모양이다. 이 또한 한심한 인텔리의 사적 원한이라 하지 않을 수 없다.

칼럼 일본 문화의 첨병

1917년에 판매를 시작한 마루젠 丸善 아테나 잉크는 유행을 타지 않고 늘 잘 팔리는 만년필 잉크로 지금도 판매 중이다. 이 잉크 광고가 '대동아전쟁' 발발 직후에 《학생의 과학》(성문당신광사 誠文堂新光社)에 연속해서 게재되었는데 상당히 훌륭한 상품이었다.

제일 위는 《학생의 과학》 1942년 7월호에 게재된 것이다. 잉크인 주제에 우리의 무적 황군과 함께 "무적 상륙"했다니 기가 막혔다. 게다가 "일본 문화의 첨병"이라고 뻔뻔하게 자칭하고 있는 것도 강렬한 임팩트가 있다. 아버지가 말한 대로다! 문화에 의한 침략이 정말 있었던 것이다!

두 번째는 10월호에 게재된 것이다. "일본 문화의 첨병"이 "문화 사절"로 바뀌었지만 의미는 같다. 상륙한 '일본 문화'가 코끼리 등에 타고 오지로, 오지로 진격해가는 모습이 눈에 떠오르는 것 같다.

세 번째는 11월호에 게재된 것이다. 진격에서 지배로 전황이 승리를 향해 나아가 이번에는 "일어 진주", 즉 일본어의 보급으로 잉크의 일도 바빠진 모습이다. 그렇다 해도 아주 직접적인 제국주의 광고 시리즈다.

제4부

이겨내는 결전 생활

'주부지우'적 결전 생활

　드디어 공습이 시작되어 배급 물자도 궁해진 1944년경을 경계로 잡지《주부지우》는 다양한 결전적 후방 생활 스타일을 집요하게 '제안'했다. 특집 타이틀을 늘어놓는 것만으로 '대동아전쟁'의 전황을 엿볼 수 있을 만큼 시시각각 밀착한 모습이다.

　점점 자멸로 향하며 핏대를 세우는 방식에, 무심코 치솟아오르는 꺾은선 그래프를 그리고 싶어질 정도다. 개개의 타이틀은 인구에 회자된 시국 용어에 '생활'을 붙였을 뿐인 상품으로, 도통 의미를 알 수 없는 말이다. 그러나 내용 없는 분위기를 선동하는 언령言靈 기술로서는, 거의 신의 경지에 이르렀다고 할 수 있을 것이다.

　1945년이 되자 「승리의 몸 부딪치기 생활」 「승리의 분발 생활」 「승리의 특공 생활」이라는 식으로 이제 자포자기라고밖에

이기기 위한 전쟁 생활　　　적전 생활　　　　　돌격 생활
(1944년 5월호)　　　　　(1944년 10월호)　　　(1944년 11월호)

말할 수 없는, 의미를 알 수 없는 특집이 꾸며진다. 덧붙여서
말하자면 《주부지우》 1945년 4월호에는 「일억 총 특공 생활」
이라는 제목으로 야노 즈네오矢野常雄 방위총사령부 참모·육군
중장이 담화를 보내왔다.

　　특공대 용사의 어머니나 아내를 생각해주십시오. 이 사람들은
　　자신의 가장 소중한 자식이나 남편을 기꺼이 나라에 바쳤습니다.
　　저는 이 전쟁이 끝나면 화족華族 외에 '특공족'이라는 것을 제정
　　하고 싶습니다만, 아무튼 이 사람들을 생각하면 자신만 괜찮으면
　　된다는 생각이나 행위는 도저히 할 수 없을 것입니다. 일신이나
　　일가를 위한 물욕은 오늘부터 단호히 버립시다.

승리의 분발 생활
(1945년 3월호)

승리의 몸을 부딪치는 생활
(1945년 1월호)

　요컨대 "특공 생활"이란 개인적 이해를 '단호히 버리자'는 것인 듯하다. 그것이 왜 '특공'인지는 깊이 파고들지 않는다고 해도 화족에 이은 '특공족' 창설 구상에는 실소를 금할 수 없다. 이미 패전이 뻔히 눈에 보이는 가운데 자신들 군인의 책임에 대해서는 반성하지도 않고 '일억 총 특공의 정신'을 호소하는 무신경함은 어떻게 안 되는 것일까. 이런 '특공' 권위주의를 내세우는 근성은 전후 60여 년을 거친 지금도 연면히 이어지고 있어 '특공'이라는 말을 들으면 어쩐 일인지 파블로프의 개처럼 감동하여 눈물을 흘리는 총리 경험자를 비롯하여 남근적

일억 특공의 생활
(1945년 4월호)

승리의 특공 생활
(1945년 7월호)

도쿄도지사[33] 등은 자기 확신으로 '특공' 영화를 만들었을 정
도다. 그러나 지란특공평화회관知覽特攻平和会館에서 얼간이처럼
감격의 눈물을 흘리기 전에 국민을 지키지도 못했던 대일본제
국의 나약하고 겁 많은 모습에 충분히 경악하는 것에서부터
시작하는 것이 좋지 않을까.

어머니의 교육 상담

《주부지우》지에는 「어머니의 교육 상담」 코너가 있어 당시 교육 사정의 일단을 엿볼 수 있는 귀중한 자료가 되고 있다. 1944년 4월호에는 이런 절실한 투서가 실렸다.

미국에서 태어난 14살의 장남 — 어떻게 이끌면 좋을까

질문 미국에서 태어나 11살 때 귀국한 장남인데, 작년에 중학교 입시에 실패하여 지금 고등과 1학년에 재학 중입니다. 세살 때 교육칙어를 암송했을 정도로 지능이 뛰어난 아이였지만 귀국한 이래 이해심이 없는 교장, 급한 성미의 담임교사에게 혼이 나고부터는 공부에 흥미를 잃었습니다. 어떻게 이끌면 좋을까요.(다니코谷子)

지금이라면 "대체로 세 살 무렵의 아이는 누구나 신동으로 보이는 법입니다. 언젠가 평범한 사람이 되기 때문에 신경 쓸 필요 없습니다"라고 답변했겠지만, 답변자는 골수까지 윗사람을 거스르지 못하는 노예근성의 소유자였기 때문에 운이 나빴다.

답변 담당 시모다 세이시霜田靜志 선생

아드님이 지금처럼 된 것을 선생님 탓이라고만 생각하는 것은 잘못이겠지요. (……) 귀국한 후에 아무리 일본적인 교육을 했다고 생각해도 아드님의 마음속에는 아직도 미국적인 것이 남아 있고, 그것이 선생님들의 미움을 받은 큰 원인이 되었을 거라고 생각합니다. 진정한 일본적인 마음은 어렸을 때부터 일본적인 환경과 전통 속에서 알게 모르게 키워지는 법입니다. 아드님의 부족한 점을 깊이 반성하여 선생님들을 원망하지 않도록(……), 아드님을 잘 타일러서 중학교 입학을 목표로 나아가는 것이 좋을 것 같습니다.

답변자인 시모다 세이시(1890~1973)는 일본의 아동 상담의 창시자로, 자유교육의 실천자이기도 한 저명한 아동심리학

자다. 지금도 전후에 나온 그의 저서 『아이의 자유와 가르침子どもの自由としつけ』『꾸짖지 않는 교육의 실천―아이에 대한 사랑과 이해叱らぬ教育の実践 子どもへの愛と理解』는

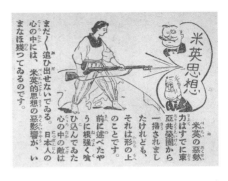

'마음속의 미영 사상을 혼내줘라', 《주부지우》 1943년 1월호

아동 교육의 고전으로서 명성이 자자할 정도다. 그런데 전전에 이런 어처구니없는 답변을 했을 줄이야.

"아드님의 마음속에는 아직도 미국적인 것이 남아 있고, 그 것이 선생님들의 미움을 받은 큰 원인이 되었"다는 것은 정말 가혹한 말이다. 애초에 시모다가 말하는 "진정한 일본적인 마음"은 대체 무엇인지 전혀 알 수 없다. 어쩌면 그렇게 막연한 딱지 붙이기로 교육적 처방전을 쓸 수 있다는 말인가. 이런 불가사의한 '마음'을 습득하지 못한 것이 "아드님의 부족한 점" 이라는 말을 들어도 어머니는 난감했을 것이다. 당시 일본에서는 태어난 장소가 조금 다르다는 이유로 교사로부터 어떤 괴롭힘을 당하더라도 "부족한 점을 반성"하고 가만히 참고 있어야 했다는 것이리라.

광신적인 황도 영양학의 범죄

　"일본에 영양 부족은 절대 없다"는 기묘한 문장이 《부인구락부》1944년 6월호에 게재되었다. 당시는 이미 배급 식량도 엄격하게 제한되고 후방의 어머니들이 필사적으로 가족의 영양원을 암시장이나 생산지에 가서 구입하여 변통하고, 갓난아기에게 '메뚜기 가루'까지 먹이던 무렵이다. 타이틀부터가 이미 망상 전파 유형이다.

　이 기묘한 문장을 쓴 사람은 의학박사이자 교학연성소 연성관錬成官 스기 야스사부로杉靖三郎(1906~2002)다. 아울러 '교학연성소'란 '천

황기관설' 사건[34]을 계기로 칙령으로 설치된 국민정신문화연구소를 발전·개편한 곳이다. 정치, 교육, 노동, 매스컴 등 국민 생활의 모든 면에서 신국 일본 이데올로기의 대대적인 선전을 견인한 어처구니없는 연구소다.

"일본에 영양 부족은 절대 없다"고 해서, 어쩌면 새로운 식량원이라도 찾아낸 건가 했더니, 그런 게 아니었다.

"우리나라에서는 고래로 적게 먹는 것이 건강을 위한 길이고 근로로 가는 길이라는 것을 확실히 알고, '수신'은 먼저 식사를 억제하는 것이라는 가르침을 받았습니다.""우리 무사도에서 연마된 식생활의 몸가짐은 '무사는 먹지 않아도 유유히 이를 쑤신다'거나 '배가 고파도 배고프지 않다'고 말하며 식욕을 억제하는 데서 구축되어왔다."

아니, 이런 거라면 '공복의 권유'가 아닌가!

'영양은 배급 양으로 충분하다'는 그림. 《부인구락부》 1944년 6월호. '배급 양으로 충분하다'고 해도 그 배급 자체가 있다가 없다가 했기 때문에 도저히 이런 호언장담을 할 수 없을 텐데…… 다만 배급의 내용과 양은 도시 지역과 농어촌 지역에서 큰 차이가 있었기 때문에 배급 양에 대해서는 일률적으로 말할 수 없다는 것에 유의해야 한다.

스기 박사의 고견에 따르면 종래의 영양학은 육식 편중의 서양식이고, 일본 영양학의 견지에서 보면 아무리 거친 음식이고 소식이라 하더라도 일본인은 견딜 수 있다는 것이다. 별거 아니다. '영양 부족'의 기준을 더 낮게 설정했을 뿐이다. 이런 황도 영양학이 활개를 친 덕분에 충량한 신민은 모두 산 채로 부처가 되기 직전까지 굶주렸던 것이다.

"부족한 것은 사실 식량이 아니라 식량에 대한 반성입니다. 식사에 대한 궁리입니다" "일본인은 (……) 전쟁이 언제까지 계속되어도 결코 영양 부족이 될 걱정 없이 침착하게 분발할 수 있습니다" 하고 스기 박사는 말한다. 정신력으로 공복을 극복하고 언제까지고 전쟁을 계속하라는 것이므로, 일본정신주의도 참 대단하다. 그는 솜 같은 먼지에 간장을 쳐서 먹었는지도 모른다.

이런 어처구니없는 박사는 전후에도 대활약하여 의학 전문서는 물론이고 『엘레강트한 섹스』 『사진으로 보는 성생활 테크닉』 『스기 야스사부로의 지적 섹스론』 등의 책을 썼다. 식욕은 억제하고 배꼽 아래의 욕구는 엘레강트하게, 라는 것인가. 오호라!

대정익찬회적 결혼식의 표준

「관혼상제의 신양식」이라는 이상한 문서가 내 앞에 있다. 발행처로는 나고야시와 대정익찬회大政翼賛会 나고야 지부가 나란히 쓰여 있다. '대동아전쟁' 직전인 1941년 10월에 나온 것이다.

나고야시의 관리와 대정익찬회가 관혼상제의 방식까지 참견하고 나선 것은 참으로 쓸데없는 간섭이다. 읽기 전부터 화통이 치미는 문서인데, 그렇다면 그들이 생각한 "우리나라 특유의 가족제도의 미풍을 선양하는" 새로운 결혼식은 어떤 것인가.

「관혼상제의 신양식」

(1) 맞선 : 맞선은 자택, 중매인의 가정 또는 이에 준하는 장소를 고를 것. 극

장이나 요정 등 화려하고 경박한 분위기 속에서 맞선을 보는 것은 전도가 양양하고 견실한 평화로운 가정을 건설하려는 정신에 어긋날 뿐 아니라 잘 이루어지지 않고 끝나는 일이 많다.

흐음, 맞선은 극장이나 요정은 피한다, 하고 메모해두자니, 이건 너무 쓸데없는 참견이다!

(5) 거식擧式 : 식을 거행할 때는 반드시 궁성 요배를 하고 또 신전, 불전에서 조상의 영靈에 보고하는 것을 잊어서는 안 된다. 우리나라에서 결혼은 단순한 한 개인의 사건이 아니라 조상의 위업을 계승하고 이를 다시 자손에게 계승하게 하여 천양무궁의 황운皇運을 지키는 공적인 일이라고 생각해야 한다.

뭐, 뭐라고! 우리의 신국 일본에서 결혼은 이제 "조상의 위업을 계승하고 이를 다시 자손에게 계승하게 하여 천양무궁의

「앞으로의 결혼은 이렇게」, 《사진주보》 제 218호, 1942년 4월 29일. 이 기사에서는 "서로 건강 증명서를 교환하자"고 호소하고 있다. 신체검사상 건강하다는 것이 확인되면 '우생 결혼 상담소'가 '결혼 자격 증명서'를 발행했던 모양이다. '결혼 자격'이라니, 이 무슨 디스토피아란 말인가.

황운皇運을 지키"는 주술적 의식이 되었단 말인가!

그 밖에도 이 문서에는 "맞선 사진이나 신랑, 신부의 기념사진은 카비네판 (12×16.5센티미터) 이하로 할 것" "신혼여행은 되도록 폐지할 것" 등의 진기한 규칙으로 흘러넘친다. 기념사진은 어떤 사이즈라도 상관없다. 하지만 신혼여행 폐지는 받아들일 수 없다! 단연코 철회하라, 하며 정색하고 대들어도 어쩔 수 없는 일이지만, 이 '신혼여행 폐지령'은 우리 일본 역사에 남을 만한 바보 같은 공문서라고 할 수 있을 것이다.

공습하의 육아

공습하의 아이 양육은 당시 가장 절실한 문제로, 「공습하 임
산부의 마음가짐」(《주부지우》 1945년 1월호), 「출산과 공습은
기다려주지 않는다」(《주부지우》 1945년 4월호), 「갓난아기도
방공 복장」(《부인구락부》 1944년 10월호) 등 습기가 많고 뼛
속까지 추위가 스며드는 방공호 안의 생활에서 아이를 어떻게
지킬 것인가에 대한 실천적인 기사도 많았다.

유아의 영양 측면에 대해서도 「대용유無乳榮養 만드는 법과
먹이는 법」(《주부지우》 1944년 10월호), 「인공 영양아榮養兒의
대두大豆 가루 영양법」(《부인구락부》 1945년 3월호) 등의 기
사를 통해 자세하게 가르쳐주었다. 읽고 있으면 당시 어머니
들이 겪었을 고생에 눈물이 난다. 아울러 '대용유'란 볶은 쌀·
밀·대두 등의 가루에 가다랑어포·생선·메뚜기·번데기 등의

《주부지우》 1944년 8월호.
특집은 「싸우는 육아 생활」
이었다.

공습 때 유아를 안고 대피하는 방법을 그린 그림

단백질과 건조한 채소, 설탕, 소금을 넣고 뜨거운 물에 녹인 것
이다. 오호!

　물론 황국 일본 특유의 도움 안 되는 정신주의도 유감없이
발휘되고 있다. 「전시 임산부의 사명」 「임산부의 정신 단련」
(《주부지우》 1943년 9월호), 「적 미영의 어머니를 이겨라」(《주
부지우》 1943년 10월호), 「'육아 생활'로 적을 이겨라」(《주부
지우》 1944년 8월호) 등의 기사가 나오고, 아저씨 군인에 의
한 설교조의 어처구니없는 육아론도 기세를 떨쳤다.

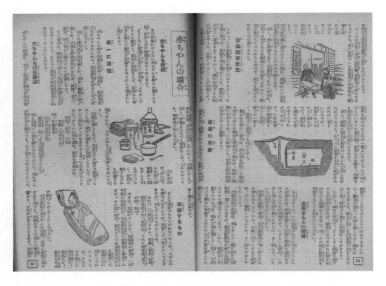

《부인구락부》 1944년 10월호. 유아의 피난에 필요한 것 등을 꼼꼼하게 해설한 기사이다.

공습이 본격적으로 시작되기 직전에는 "아이를 피해로부터 벗어나게 하는 것만이 방공이 아닙니다. 전장에서 자란 아이가 아니면 경험할 수 없는 생생한 전쟁 체험을, 장래 나라의 강한 병사로서 전장에 섰을 때의 기초로 훌륭하게 살려가지 않겠습니까. 전쟁을 두려워해서는 안 됩니다. 맹목적인 평화 사상을 품어서는 더욱 안 됩니다. 공습도 전시의 정신 단련의 모루로서 활용하는 어머니의 이런 마음가짐이야말로 '아이의 방공'의 근거를 이루는 것이라고 믿습니다"《주부지우》 1944년

8월호)라고 무책임하게 설교도 하고 있었다. 패배 국면에서의 허세가 들여다보이지만, 이제는 패배를 인정하지 않고 억지를 넘어 도착의 영역에 달해 있다.

이런 '공습 체험'을 강요당한 어머니도 갓난아기도 견딜 수 없는 지경이었을 것이다.

《부인구락부》 1935년 10월호. 피난 시 갓난아이를 안는 방법을 소개하고 있다.

부엌 전쟁에 승리하라!

《부인구락부》 1944년 8월호에 「부엌 전쟁에 승리하는 길」이라는 단문이 게재되었다. 필자는 도쿄제국대학 공학부 항공원동기학과의 교수이자 공학박사인 도미츠카 키요시富塚淸다. 일본의 원동기 개발의 개척자로, 전후에는 2사이클 엔진 연구의 선구자 혼다 소이치로本田宗一郞와 나란히 일본 모터바이크 개발의 신이라 불린 사람이다.

'후방도 전장'이라는 것은 점점 심각해지고, 후방 중에서도 가장 뒤라고 생각하고 있던 부엌일도 바로 전쟁이라는 것에 어울리는 상황에 이르렀다.

하지만 붓으로, 입으로 '부엌 전쟁'이라고 힘을 주어도 아무튼 실감이 따라가기 힘든 것이 이 부엌 전쟁의 특질이라고 생각한다.

《부인구락부》 1944년 8월호에 실린 「부엌 전쟁에서 싸우는 미일 주부」의 그림. 오오, 두렵다, 이런 장면에는 있고 싶지 않다.(웃음)

가장 좋지 않은 원인은 적수가 분명히 보이지 않는다는 점이다.

'적이 보이지 않는다'는 것은 당연하고, 애초에 '부엌 전쟁' 따위의 '전쟁'은 없는 것이다.

그러나 눈을(……), 그것은 육안이 아닌 심안이지만(……), 일본 밖으로 돌리면 거기에는 확실한 상대가 보인다. 다름 아닌 적 미영의 주부 등이다.

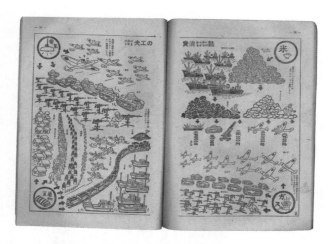

주부가 소비를 궁리함으로써 이만큼의 군수물자를 전장에 보낼 수 있다는 그림. '쌀' '가스' '전기' '옷', 이 네 가지 '궁리'가 장려된다. 《일본부인》 1944년 4월호

나왔다. 대일본제국의 최종 탐지 무기인 '심안'으로밖에 보이지 않는 적, 게다가 상대는 미영의 아주머니들…… 장절한 정신적인 전쟁이 아닐 수 없다.

　　숙녀 여러분의 적수는 확실해졌다. (……) 하지만 미영의 주부 등을 상대로 했을 경우, 그것만으로 이겼다고 자랑스러워할 수 있을까? (……) 그녀들은 더욱 가정에서 여유를 만들어내고 직접 군수 생산 쪽에 큰 조력을 하고 있는 듯하다고 듣기 때문이다. 그녀들은 진작부터 가사에서 절약하여 얻은 시간을 이용해 과학과

기술을 숙녀 여러분 이상으로 익히고 있다. (……) 항공 공업 등도 거의 50퍼센트 이상은 그녀들의 손만으로 움직이고 있다는 이야기를 숙녀 여러분들도 들었을 것이다.

요컨대 그가 말하고 싶은 것은 가사에 예속되는 여성 노동력(특히 '주부')을 얼마나 전쟁 체제에 동원할 수 있는지가 '부엌 전쟁'의 승패를 결정한다는 점이다. 이것이 '부엌 전쟁'이라는 기묘한 전쟁을 생각해낸 도미츠카 박사의 문제의식이었다.

국가 총력전의 시대에는 가정 속 깊숙이 마련된 부엌 또한 전장이고 여성들이 '부엌 전쟁'의 병사가 된다는 현대 전쟁의 본질을 떠올리게 한다고 말할 수 있을까.

부엌을 요새화하라

'부엌을 요새화하라', 드디어 본토 공습이 현실이 되고 있던 1944년 여름,《주부지우》8월호의 뒤표지에 이런 슬로건이 난무했다.

'부엌' 방호 대책 요강

'부엌' 업무를 최고도로 발양하게 하고 동시에 어떤 공습, 어떤 재해를 입더라도 그 기능을 확보하기 위해 '부엌'을 정비하고 또 방비함으로써 '부엌'을 철저하게 무장하려는 데 있다.

'부엌의 무장화'! 대단하다고 감탄할 뿐이다. 본문 중에는 알기 쉬운 이런 해설도 붙어 있다.

「부엌의 방공」
《주부지우》 1944년 8월호 뒤표지

「경보하警報下의 부엌」
《주부지우》 1944년 9월호 뒤표지

부엌은 일가의 영양을 담당하는 소중한 작업장이고 또 일가의 내일에 대한 즐거운 노동, 그리고 희망과 힘을 주는 '원료'를 조리하는 공장이다. 따라서 이 소중한 부엌은 공습 아래 끝까지 방호하지 않으면 안 된다. '부엌의 요새화'야말로 그 책임자인 주부의 중요한 업무다.

"일가의 내일에 대한 즐거운 노동"이란 방공 지도의 서론치고는 드물게 보이는 밝은 첫머리다. '희망' '힘'이라는, 1944년에는 사용되는 일이 적어진 표현이 이런 기사에 등장하는 것이 놀랍다.

「생활 전쟁」 그림. 주부가 수유를 하고 바느질을 하고 있는 집 밖에서는 처참한 전장이 펼쳐져 있다. 그림 속에는 "어디나 전장입니다. 모든 생활도 전쟁입니다"라고 쓰여 있다. 집에 캐터필러를 달아 적병을 짓밟게 하다니, 무시무시한 이미지다.
《일본부인》 1944년 4월호

이 기사는, 부엌에는 전기, 가스, 기름 등 발화하기 쉬운 요소가 집중되어 있기 때문에 공습에 대비하여 평소부터 정리와 청소를 게을리하지 말라는 내용이지만, 앞의 인용처럼 '부엌 업무'라는 군대 용어라고도, 관청 용어라고도 할 수 없는 기묘한 개념까지 나왔던 것이다.

부엌이야말로 주부의 결전장이다. 따라서 주부가 평소 부엌에서 일하는 것이야말로 주부 특유의 방호 훈련이다.

이리하여 '부엌의 요새화'를 생각하고 동시에 쾌활하고 밝게, 게다가 즐겁게 하루의 취사에 고심해야 한다.

'부엌의 요새화'라는 슬로건 자체가, 미운 적 미영이 우리의 머리 위로 다가오고 이제 주부는 자신의 성을 지키는 것이 고작일 정도까지 전황이 악화하고 있었다는 것의 표현이다. 그런데도 군부로서는 최후의 한 행까지 패배를 인정하지 않고 "쾌활하고 밝게, 게다가 즐겁게" 등으로 쓸데없는 참견 한마디까지 덧붙이고 있는 형편이다.

이 8월호가 나오고 나서 한 달 후 《주부지우》 9월호의 뒤표지에는 '경보하의 부엌'이 일러스트와 함께 소개되어 있다. 이것을 보면 부엌은 '주부의 결전장', 빈틈없이 '요새화'했을 텐데도 부인은 비상용 주머니와 식량을 들고 나오는 것이 고작인 상황이다. 군부의 경박함은 한 달 만에 큰 궤도 수정을 강요당한 것 같다.

결전형 블라우스

가족이 입는 옷은 어머니가 만든다. 지금은 믿을 수 없을지 모르지만 사실 30년쯤 전까지만 해도 당연한 일이었다. 특히 기성복이 가게로부터 모습을 감춘 '결전하'에서는 더욱 그러해서 부족한 천이나 터진 옷을 풀어 어떻게 한 벌로 만들어낼지 그 방법에 대해 여성 잡지들끼리 서로 경쟁했다.

전시라고 해도 1943년에는 아직 '멋쟁이'가 있었다.《부인구락부》1943년 2월호에 게재된 「부족한 천으로 만드는 이어붙이기 디자인—여성용, 소녀용 투피스」를 보라. 이 얼마나 세련되었나! 소매 있는 앞치마 차림의 대일본부인회가 니주바시二重橋 앞에서 절규하듯 만세를 부르던 무렵, 여성들에게 아직 이런 '디자인'을 즐기는 여유가 있었던 것이다.

하지만 그 이후 '디자인'이라는 말이 지면에 나타나는 일은

「부족한 천으로 만드는 이어 붙이기
디자인-여성용, 소녀용 투피스」

「겨울의 여성, 아동용 방공복 일체」,
《부인구락부》 1943년 1월호

없었다. 어처구니없는 일은 이때부터인데,《부인구락부》의 지
난 호에서 주요한 것을 뽑아보기만 해도 '3, 4세 남녀 방공복'
'소년 소녀 전시복' '편리한 여성용 전시 일상복' '여름의 결전
간편복' '여름의 방공복 한 벌' '팬츠스커트에 각반을 붙인 활
동복 겸 방공복' '방공 두건이 되는 주머니에 소지품이 다 들
어가는 방공복 한 벌' '결전형 블라우스' '필승 방공 잠옷'(이
상 1943년에서 1945년까지의《부인구락부》에서) 등 굉장한
이름의 옷이 늘어서 있다. 모두 헌옷·헌 천을 재생하여 만든
의류다. 이러한 전시 의류는 '주부의 의복 재료 전쟁'으로 평가
되어 "오늘날은 의복 재료도 무기입니다. 우리가 새로 맞추는
것을 보류하면 거기에 필요한 인력도 자재도 무기 쪽으로 돌

「여름의 결전 간편복 만드는 법」, 결전 간편복의 다양한 변주. 이 언저리에 주부의 디자인과 궁리, 멋을 내는 능력이 발휘될 여지가 있었다.
《부인구락부》 1943년 6월호

릴 수 있어 큰 봉공이 되는 것입니다"(《부인구락부》 1944년 7월호)라고 지시했다.

아울러 '결전형 블라우스'란 "여학생 시절의 품이 좁아진 낡은 블라우스에 다른 천을 덧붙여" 몸통 둘레를 낙낙하게 다시 만든 것이다. 이음매를 알아볼 수 없도록 가는 주름을 넣어 장식하는 등 감동할 만한 궁리의 한 가지이지만, 뭐가 '결전형'인지 도통 알 수가 없다. 의외인 것은 속옷류가 없다는 것이다. '낡은 유카타로 만드는 남자 바지'는 있어도 '필승 브래지어' '결전형 팬티' 등은 없었던 것 같다. 유감이다.

更生改造
夏の決戦簡單服の作り方

「여름의 결전 간편복 만드는 법」, 시원한 반소매 옷에 방공 두건이나 긴장갑을 세트로 가지고 다니면 방공 의류로 재빨리 변신할 수 있다는 궁리 같다.

필승 방공 잠옷

《부인구락부》1945년 2월호에는 '필승 방공 잠옷' 만드는 법이 실려 있다. '결전형 블라우스'에 비하면 '필승 방공 잠옷'은 이미 이름부터 패배한 느낌이다. 하지만 방공 잠옷, 즉 야간에 공습이 있어도 그대로 피난할 수 있는 '잠옷'이라는 아이디어는 상당한 것이다.

이 '방공 잠옷'은 아기용, 어린이용, 여성용, 이렇게 세 종류가 준비되어 있는데, 공습에서 어린아이들을 필사적으로 지키는 어머니의 모습이 눈에 선하다. 이 '방공 잠옷'은 방공 두건과 일체인, 잇는 형식의 잠옷으로 밤중에 공습경보가 울리면 몸단장을 할 필요도 없이 서둘러 밖으로 뛰어나가도 된다는 점에 특징이 있다.

어른용에는 솜이 든 버전도 있어 그대로 뛰쳐나가도 춥지

「필승 방공 잠옷 만드는 법」

않도록 궁리되어 있다. 아기용에는 '방공 이불'도 준비되어 있어 그대로 이불에 싸서 피난할 수도 있는 뛰어난 것인데, 기본적으로 도망치기 쉽게 하기 위한 것이다.

그런데 이 '방공 잠옷' 기사의 첫머리에는 아주 긴장감 있는 소개문이 붙어 있다.

잔학한 미귀米鬼의 맹폭은 밤낮없이 반복되어 이제 내지는 피의 전장이 되었습니다. 우리는 끝까지 왕성한 감투 정신으로 천황이 다스리는 나라를 지켜야 합니다.

주도면밀한 준비를 갖추고 밤에는 편히 잠자리에 들며 적기가 오면 곧바로 벌떡 일어나 방공 활동으로 옮겨 가는, 적 공습하의 필수 비품으로서 여기에 필승 방공 잠옷을 소개합니다.

아무쪼록 다시 한 번 당신의 잠옷을 검토해주세요. 그리고 개조하든 고치든 유사시에 즉시 대응할 수 있는 몸차림을 갖춰주세요.

소개문에서는 '공습에서 어떻게 도망칠까·어떻게 몸을 지킬까'라는 말은 전혀 사용하지 않고, 어디까지나 '감투 정신'을

「필승 방공 잠옷과 방공 이불의 착용 예상도」, 《부인구락부》 1945년 2월호

고무하는 '잠옷'이라는 사실만을 전면에 내세우고 있다.

'방공 잠옷'이라는 이름은 아무래도 수동적인 자세이고 '패전' 감각이 빤히 들여다보인다. 그러므로 일부러 '필승'을 앞에 붙이고, 그래도 아직 모자라는지 허세를 부리는 소개문을 붙여 내용 없는 선동을 하고 있을 뿐이다.

여기에 대일본제국 특유의 본심과 겉모습이 드러나 있어 이런 기사만 매일 읽고 있다가는 확실히 머리가 이상해질 것 같다. 아무튼 이 잠옷으로 한 사람이라도 목숨을 건졌다면 다행이겠지만 과연 어땠을까?

알려지지 않은 국민복

패전 직후의 대중소설 같은 것을 읽으면 "카키색 국민복 차림의 남자가……"라는 구절을 자주 본다. 입을 것이 없어서 전쟁 중에 맞춘 국민복을 아직도 계속 입고 있는 캐릭터를 특징지을 수 있는 표현일 것이다. 그런데 국민복이란 어떤 옷일까?

《주부지우》1940년 12월호의 부록 『칙령으로 새롭게 제정한 국민복 만드는 법』에 국민복 등장의 유래부터 가정에서 만드는 법까지 아주 세세한 데까지 해설되어 있다.

애초에 이 '국민복'은 1940년 11월 2일에 공포된 '국민복령'으로 제정된 것이다.

제2조 국민복은 종래의 양복, 기타의 평상복을 착용할 경우에 착용하는 것을 예로 한다.

『칙령으로 새롭게 제정한 국민복 만드는 법』, 모델이 착용하고 있는 것은 국민복 을형(오른쪽, 스탠딩 칼라 타입), 갑형(왼쪽, 단추를 풀면 옷깃이 열리는 타입).

제4조 국민복 예장은 종래의 연미복, 프록코트, 모닝코트 기타 이에 상당하는 예복을 착용할 경우에 착용하는 것을 예로 한다.

대일본제국 남자가 양복 등의 일상복이나 연미복 등의 예복까지 커버하여 대용하는 복장이었던 듯하다.

이 책의 권두에는 국민복의 성격에 대해 다음과 같이 주장한다.

국민복은 인민복풍의 스탠딩 칼라 타입이 널리 알려져 있지만, 사실 그 윗옷 안에 입는 '중의中衣'가 있었다. 사진 왼쪽 위처럼 옷깃이 '겹옷'이 되어 있는 것으로, "일본 고래의 전통을 현대에 살린" 디자인이라고 《주부지우》는 절찬하고 있다. 그러나 역시 뭔가 이상하다.

서민 일반의 복제服制를 법률로 정하는 것은 우리나라 역사상에서도, 그리고 외국사에서도 일찍이 볼 수 없었던 사실입니다. 그런 만큼 이번 국민복은 단순한 유행이라거나 한 사람 한 사람의 기호로 자유롭게 멋대로 만들 수 있는 것이 아니라 칙령으로 제정된 모양을 지정한 대로 만들어 착용하는 것이 국민의 의무이고 그 점이 지금까지의 복장에 대한 관념과 큰 차이가 있다는 것을, 착용하는 남자 측도 충분히 인식해야 하고 동시에 가정에 있는 분들의 이해도 중요하다고 생각합니다.

종래의 양복을 국민복으로 개조하는 것이 널리 이루어졌다. 《부인구락부》 1943년 10월호

　"칙령으로 제정된 모양을 지정한 대로 만들어 착용하는 것이 국민의 의무"라니, 어이가 없다. 동서고금을 통해 국민의 제복을 정한 국가가 달리 있었을까. 놀랄 만한 통제 욕구와 동조 압력의 강요인데, 우리 선조들은 순순히 받아들였을까. 정말 믿기 힘든 일이다.

결전하의 부업

《주부지우》 1943년 5월호. "저축보국호"라는 표제가 눈에 띈다.

부업이라고 해도 "수업·회의석상에서 숨어서 하는 다른 작업"은 아니다. 이제 사어가되고 있지만 "주부 등이 가사 틈틈이 하는 삯일"을 말한다.

전시에는 '저축 보국'이라는 슬로건 아래 열렬히 저금을 호소했지만, 부족한 현금 수입으로는 어떻게 할 도리가 없다. 그래서 당국의 주선으로 추진된 것이 '장기전을 이겨내는 가정 내 부업'이다. 당시의 《주부지우》에는 "월급 생활자 아내의 부업에 의한 수입 증가 실험"이라 칭하며 다양한 부업 성공 사례가 소개되어 있었다.

「철모용 모자의 끈 달기」—"프랑스령 인도차이나에서는 군인의 철모가 태양의 직사광선으로 굉장히 뜨거워지기 때문에 위에 또 하나의 삿갓 같은 모자를 썼다고 합니다. 저의 일은 그 모자에 가죽 끈과 이름을 쓰는 하얀 천을 다는 것입니다"(1942년 1월호). 프랑스령 인도차이나 진주 이후 남방용 군수품은 아주 긴급히 요구되었을 것이다. 모자 하나를 만드는 데 약 30분에 공임은 4전, 월수 20엔(현재의 3만 2천 엔 정도)이다. 흐음.

「해군 의류 수선」—"수병의 작업복이나 바지, 모자 등의 찢어진 곳이나 손상된 곳을 재봉틀로 수선하는 아주 간단한 일입니다"(1942년 3월호). 이 사람은 월수 30엔 이상을 달성했다. 그러나 그보다 나은 게 있었다!

「군용 쥘부채의 살 붙이기」—"겹쳐 붙인 부채 선지 사이에 살을 넣는 구멍을 주걱 같은 것으로 뚫는 일로, 사흘만 배우면 대개 할 수 있습니다"(1942년 3월호). 그녀는 무려 월수 40엔을 달성하여 전시 부업계의 '성공한 그룹'으로 뛰어올랐다. 그런데 이 '군용 쥘부채'는 기괴한 물건으로, "남방 전선의 군인에게 보내는, 도조 수상의 글씨가 들어간 히노마루 쥘부채가 많이 나와 무척 바쁘게 일하고 있습니다"라고 하니 한심할 뿐이다. 일본 군부는 이런 것에도 돈과 자원을 썼다는 말인가.

「흥아興亞 가방 짜기」—"셀로판 끈을 양쪽 끝이 뾰족한 타

항공기를 만드는 '도나리구미 공장'의 아주머니들. 도나리구미에서 소규모 작업소를 만들어 도매제 가내공업적으로 부품 가공을 떠맡았던 모양이다. 군수 관계의 부업이 발전한 것이라고 할 수 있다. 사진은 다치카와立川 시내에 있던 것이다. 《주부지우》 1944년 5월호

원형으로 이어 맞추는 무늬로 짠 튼튼하고 아름다운 장바구니로, 최근에는 남방 각지까지 진출하게 되었습니다"(1943년 2월호). 이는 하루에 겨우 두 개, 공임은 하나에 50전이므로 매일 해도 군용 쥘부채에는 못 당한다. 대동아공영권 형성과 함께 일본의 자질구레한 제품도 활발하게 수출되었던 듯하다.

그 밖에 「비행기 부품 끝손질로 일급 60전」「군용 수통 끈 꿰매기로 월수 12, 3엔」 등이 늘어서 있는데, 그중에는 「일본도(군도)의 손잡이 감기로 월수 30엔」이라는 것도 있어 이런 것까지 부업이었다는 사실에 놀랐다. 군용품은 상당히 괜찮은 부업이었던 듯 많은 여성들이 달려들었던 모양이다. 그리하여 '전쟁'은 가정 구석구석까지 파고들어 '후방'의 주부들도 가계와 전쟁 양쪽을 떠받치고 있었다.

칼럼 공포의 '약진 유희'

'전폭戰爆 연합으로 적지 공격'이라고 해도, 이는 익숙한 대본영 발표가 아니라 1943년 당시 게이카京華국민학교(나중의 게이카소학교, 1993년에 폐교)에서 어린이들 사이에 유행했던 놀이다.

1943년 8월, 《아사히신문》에 '약진 유희躍進遊戱'라는 연재 기사가 게재되었다. 제1회 첫머리에 《아사히신문》의 기자는 이렇게 썼다.

《아사히신문》 1943년 8월 17일자

전쟁은 동심에 가장 예민하게 영향을 미친다. (……) 시대와 동심, 전쟁과 유희―일본 소국민이 그리는 그 선명한 관련성을 길가에서, 교정에서 찾는다.

요컨대 결전하의 아이들은 어떤 병정놀이를 하는지 소개하는 것이 이 기획이다. 그래서 '약진 유희'라는 용맹스러운 제목을 붙인 것이다.

그 1회가 '전폭 연합으로 적지 공격'이라는 놀이다. 우선 홍군과 백군으로 나누고 각각 폭격기 역 2명, 전투기 역 6명, 정찰기 역 2명, 고사포 역 1명, 포탄 역 1명으로 역할을 분담한다. 홍군과 백군 각각이 기지에 부대 깃발을 내걸고 그 깃발을 빼앗기면 진다. 비행기 역은 종이를 붙인 둥근 상자를 짊어지고 그 종이가 찢어지면 격추, 전투 중에 넘어지면 자폭, 아군기와의 접촉은 충돌이 된다. 기지 정면에는 고사포가 대기하고 있고 포탄 역을 발사(웃음), 포탄 역에 비행기가 접촉하면 이것도 격추가 되는 놀이다. 기사에는 교정에 뒤섞여 '공중전'을 하고 있는, 상반신을 벌거벗은 아이들 사진이 첨부되어 있다.

사실 이 놀이는 아이들이 생각해낸 것이 아니었다. 이 놀이를 고안한 사람은 게이카국민학교 졸업생으로, 육군 항공본부 촉탁으로 근무하는 나가사와 요시오長澤義男(27세)다. 결국 어른이 병정놀이를 생각해내서 아이들에게 가르쳐준, 바로 관제 전쟁놀이었다. 이런 아이들의 놀이까지도 '전시에 어울리는 것'이 창조되어 훈육된 시대였던 것이다.

제5부

모든 것은 승리를 위해

국민정신총동원@오사카

'국민정신총동원'에 대해 사전을 찾아보면,

【국민정신총동원운동】중일전쟁기의 관제 국민운동. 중일전쟁
개시 후인 1937년 8월 24일, 제1차 고노에 내각은 '국민정신총동
원 실시 요강'을 결정, 국민의 전쟁 협력을 끌어내기 위해 관제 국
민운동의 전개를 결정했다.

　　　　　　　　　　　　　　　　　—『일본사 사전』, 이와나미출판사

라고 되어 있다. 이것만으로는 대체 무엇을 했는지 또는 해버
렸는지 전혀 알 수 없다. 국민의 "정신"을 "총동원"하다니, 대
체 어떻게, 하고 옛날부터 무척 이상하다고 생각했다. 당시의
레저나 스포츠, 대중적 가무음곡 관계의 포스터류에는 어색하

오사카부가 실시한 주요 국민정신총동원운동

주요 행사명　　일정

1937년
국민정신총동원 공장 방화 주간 / 12월 1~7일
국민정신총동원 대강연회 / 12월 10일

1938년
연말연시 행사 / 1월 1일
　생활 반성일(전년) / 12월 31일
　신년 봉축 시간 / 1월 1일
국민정신총동원 연료보국 주간 / 1월 17~23일
　연료보국 대강연회 / 1월 17일
　신탄新炭 가스 발생 장치 및 동장치 부착
　자동차 실연 전람회 / 1월 20~22일
　신탄 가스 발생 장치 및 동장치 부착 자동차
　시중 행진 / 1월 21일
국민정신총동원 농업생산 증진 강조 주간 /
　　　　　　　　　　　1월 24~31일
국민정신총동원 '조국肇國정신 강조 주간' /
　　　　　　　　　　　2월 11~17일
국민정신총동원 강조 주간 내한耐寒 단련 운동 /
　　　　　　　　　　　2월 11~17일
국민정신총동원 도로 하천 애호 강조 주간 /
　　　　　　　　　　　3월 9~15일
국민정신총동원 비상시 무역 전람회 /
　　　　　　　　　　　3월 23~29일
국민정신총동원 춘기 체조회 / 4월 15~5월 15일
자치보국 운동 / 4월 25일
오사카부 애국 근로봉사 /
　4월 1일~8월 31일, 9월 1일~익년 3월 30일
국민정신총동원 천장절 봉축 / 4월 29일
국민정신총동원 건강 주간
　건강 전람회 / 5월 19~25일
　결핵 예방·모성 소아 전람회 / 5월 17~23일
　영양 전람회 / 5월 17~23일
국민정신총동원 오사카부 저축보국 강조 주간 /
　　　　　　　　　　　6월 21~27일
　가정보국 전람회 / 6월 16~27일
　대강연회 / 6월 22일

자치회町內会 부락회部落会 : 저축보국 좌담회 /
　　　　　　　　　　　6월 21~27일
각 시구 여성단체 : 저축보국 여성 좌담회 /
　　　　　　　　　　　6월 21~27일
각 회사 공장 상점 : 저축보국 간담회 /
　　　　　　　　　　　6월 21~27일
학교장 : 저축보국 훈화, 작문, 습자, 학교회 /
　　　　　　　　　　　6월 21~27일
체신국 : 스탬프 포스터 / 6월 21~27일
방송국 : 강연·드라마·만담 / 6월 21~27일
저축 장려와 가정보국 대강연회 / 6월 22일
국민정신총동원 전국 안전 주간 / 7월 1~7일
중일전쟁 발발 1주년 기념행사 / 7월 7일
1호 1품 폐물 헌납 운동 / 7월 7일
국민정신총동원 오사카부 경제전經濟戰 강조
주간 / 7월 21~27일
성덕聖德 경앙景仰 전람회 / 7월 18~29일
국민 심신 단련 운동 / 8월 120일
물자 운동 강연회 / 8월 15일
국민정신총동원 오사카부 폐품 회수 운동 /
　　　　　　　　8월 17일, 8월 27일
비상시 풀베기 강조 주간
　풀베기 강조 주간 / 8월 18~23일
　총동원 풀베기 날 / 8월 19~20일
시국 간담회 개최
　제1회 각 시구정촌市區町村 / 8월 15~26일
　제2회 각 시구정촌 / 9월 12~10월 4일
후방 후원 강화 주간 / 10월 5~11일
한커우漢口 함락에 즈음한 국민적 여러 행사 /
　　　　　　　　　　　10월 27일
국민정신 작흥 주간 / 11월 7~13일
장기長期 건설 대강연회 / 11월 10일
국민정신 작흥 시국 간담회 / 11월 8~15일
오사카부 경제전 강조 주간 / 12월 15~21일
공장 안전일 운동

1939년
신년 봉축 / 1월 1일
오사카부 일본 정신 발양 주간 / 2월 5~11일
일본 정신 발양 주간 내한 심신 단련 운동 /
　　　　　　　　　　　2월 5일~2월 11일

게 '국민정신총동원'이라는 글자가 인쇄되어 있어 굉장히 광범위한 운동이구나, 하는 정도밖에 알지 못했다.

이 운동의 일단을 알려주는 것이 여기서 소개하는 『국민정신총동원 오사카부 실시 개황』이다. 이는 1939년에 오사카부가 작성한 보고서로, 당시 관청이 어떻게 '국민정신'을 '총동원'하려고 했는지가 관리의 꼼꼼함으로 잘 전해지는 진귀한 책이다.

우선 개략적인 것을 보기로 하자. 1937년 말부터 1939년 초에 걸쳐 오사카부가 주최·공동 주최한 주요 '운동'은 앞의 표그대로다.

이중에서 놀라운 것이 '국민정신총동원 도로 하천 애호 강조 주간'이다. 도로·하천까지 애호하자는 것이므로 이 무시무시한 애국심의 발로에 저절로 머리가 숙여질 정도다. 한편 '비상시 풀베기 강조 주간'도 비상시 + 풀베기 + 강조라는, 해부대위의 재봉틀과 박쥐우산의 만남과도 비슷한 초현실적인 주간이다. 이 운동에서 한 주된 일은 도로의 잡초 뽑기나 시궁창 치기·둑 손질 등이다. 하지만 이 밖에도 각종 포스터의 게시, 선전 전단지 배포, 라디오에서의 홍보, 작문 모집 등 지금도 국토교통성의 지방 사무소가 하고 있는, 쓸데없이 세금을 쓰는 종류의 캠페인과 그다지 다르지 않다.

요컨대 종래부터 관청에 있던 각종 캠페인에 억지로 '국민정신총동원'이나 '비상시'라는 관을 씌우고 중앙정부를 향해 '운동'을 적극적으로 하고 있습니다, 하는 가상假象을 꾸미는 것임이 틀림없다. 관청 내의 각 부국이, 우리는 무엇을 '국민정신총동원운동'으로 할지를 생각해내고 상당한 억지를 썼던 것이다. 하지만 '국민정신총동원'이라는 대의명분이 기존의 캠페인과 결합됨으로써 단순한 풀베기가 실은 국민정신의 발로이자 보국의 길인 것처럼 변용되는 것이다. 격화하고 있던 중일전쟁에 대한(정신만이 아니라 육체를 포함한) 국민총동원과 관청의 자기 보신주의가 기묘하게 뒤섞인 상품이었던 것이다.

국민총동원 퍼포먼스

　　물론 국민정신총동원운동의 대부분을 차지했던 것은 비상
시에 어울리게 '일본 정신' '조국肇國 정신'을 함양하는 기획
이었다. 예를 들어 1938년 2월 11일(='기원절紀元節[35]')부터

『국민정신총동원 오사카부 실시 개황』에 수록된, 오사카부에서의 각종 총동원 운동의 포
스터류

17일에 걸쳐 행해진 '조국 정신 강조 주간'에서는 다음과 같은 취지를 내세우고 있다,

> 흥륭 일본의 건설은 조국 정신의 현현顯現에 있다. 사변하의 기원절을 계기로 국민정신총동원 조국 정신 강조 주간을 설정하여 국민정신총동원의 중핵인 국체 관념의 명징, 일본 정신의 앙양을 강조하고 이를 사회 전반에 구현하려고 한다.

현재는 '건국기념일'이라는, 이 역시 비과학적인 '축일'이 되어 있는 기원절이지만, 전시에는 확실하게 전의戰意 앙양에 활용되었다.

이 기원절 봉축 운동에는, 2월의 혹독한 추위가 한창이던

'××주간' 때마다 이런 선전용 포스터를 만들었던 것으로 보아 예산은 상당히 넉넉했던 것으로 보인다.

때의 '국민총동원 강조 주간 내한 단련 운동'이라는 덤이 따라
왔다.

내한 단련 운동 실시 항목

1. 궁성 요배

2. 라디오 체조

3. 5분간 구보

4. 건국 체조

5. 무운장구武運長久 기원 황군 장병 감사 묵념

실시 시간─매일 아침 6시 반부터 약 30분간

기원절 봉축에 맞춘 '내한 단련 운동'이지만 실시 개황을
보면 참가한 총 인원은 172만 939명, 라디오 체조의 회장은
393개소에 이른 모양이다. 보고서를 쓴 관리는,

새벽녘의 구름을 무릅쓰고 동쪽 하늘에 절하고, 진실로 황국
일본의 모습을 보이며 찬바람을 무릅쓰고 출정한 장병의 노고를
가슴에 담고 긴장된 후방의 생활을 현현한 것은 시국에 비추어
정말 감격에 찬 정경이라고 해야 한다. (……) 머지않아 부민府民
2백만의 청장년층에 대해 한 사람도 빠짐없이 국민적 체조를 실
시하게 하려는 본부本府의 의도는 가까운 장래에 반드시 실현되

리라고 확신하는 바다.

라고 자랑스러워하는 듯한 자화자찬으로 보고를 마치고 있다. 2백만 부민을 추위에 강한 인간으로 개조하는 것이 목적이었던 것이 아니라 어디까지나 "진실로 황국 일본의 모습을 보이며" "긴장된 후방의 생활"을 대량 동원으로 '현현'하게 하는 것이야말로 목표였던 것 같다. 이러한 대중 집회·대중 동원을 위로부터 조직화한 파시즘 운동이라 부를 수도 있겠지만 대중적인 열광을 불러일으키는 데까지는 이르지 못했던 것 같다.

승리의 날까지 대규모 증세

전쟁에는 돈이 든다. 돈이 들기에 세금이 올라간다. 1938년에 시행된 '국가총동원법'은 중일전쟁을 수행하기 위해 일본 전역의 노동력·물자에서부터 매스컴에 이르기까지 총동원 체제에 동원하기 위한 법률이었다. 하지만 사실 '지나사변(중일전쟁) 특별 세법'이라는 대규모 증세도 동시에 시행되었다. 이런 것은 일본사 교과서에 실려 있지 않았다.

『누구나 알 수 있는 국가총동원법의 쉬운 해설誰にもわかる国家総動員法早分り』(법정학회法廷学会 엮음, 동보당출판東宝堂書店, 1938. 4)의 제2부「사변 특별세법 쉬운 해설」에 이 증세의 특징에 대한 해설이 실려 있다. '지나사변 특별세법'에는 소득세·법인세 증세에 더해 새롭게 물품특별세가 부가됨으로써 의류·화장품에서부터 라디오·자동차에 이르기까지 모든 생활

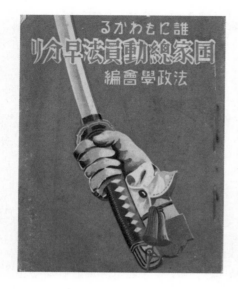

誰にもわかる
国家總動員法早分り
法政學會編

『누구나 알 수 있는 국가총동원법의 쉬운 해설』, 표지가 갑자기 칼집에서 빼낸 군도의 칼날이라니. 포즈로 보아 지휘관이 예리한 칼날을 뽑아 '돌격'이라고 호령하고 있는 모습을 상정한 것인가.

용품이 과세 대상이 되었다.

과세 대상 중에는 도통 영문을 알 수 없는 이런 것들도 늘어서 있다.

'샤프펜슬'(왜?)

'라디오 청취기 몇몇 부품'(부품까지?)

'네온관 및 변압기'(변압기도?)

'지팡이 및 채찍'(용도가 전혀 다르잖아!)

'바둑돌·장기 말'(바둑판이나 장기판은 괜찮은 건가!)

국민의 저축을 호소하는 광고. 《사진주보》
제201호, 1941년 12월 31일

대규모 증세라도 모두 싱글벙글하는, 거
짓 냄새가 나는 납세 추진 만화. 《집의
빛》 1938년 4월호

　그중에서도 악질적인 것은 '성냥'에 대한 과세다. 당시에는
장작이나 숯은 물론이고 가스라고 해도 불을 붙일 때는 성냥
이 필요했다. 이 성냥 '천 개에 5전'의 세금이 부과되었으므로
참을 수가 없다.

　팸플릿에서는,

성냥은 천 개 당 5전의 세금입니다.

아마 성냥에 세금을 내리라고는 생각하지 않았을 것이므로 이 새로운 세금은 가장 화제가 되었습니다.

대장성에서는 상당히 전부터 이것을 눈여겨보고 있었던 듯합니다. 실제로 간접세는 대중이 반드시 쓰는 것을 선택하는 것이 하나의 목표이고 또한 세금을 거두기 쉬운 것이야 하기 때문에 이 점에서도 성냥은 훌륭한 착상입니다.

라고 시시덕거리는 내용을 쓰고 있다. 게다가,

이 증세는 언제까지 이어질지 알 수 없습니다. 장기 응전에 처하여 국민도 충분히 각오해야 합니다.

하는 다짐까지 들어 있다. 좋은 때를 만났다면 치치부 곤민당秩父困民党[36]처럼 무장 봉기도 불가피한 악질 세금이지만, 때는 이미 늦었다. 이제 사람들에게는 반역의 수단조차 남아 있지 않았던 것이다.

258

공중 폭격하의 출근 향상

공습이 심해지면 그때마다 노동자가 직장에 나오지 않게 된다. 생각해보면 당연한 이야기지만, 당시의 경제계에서는 중대한 문제였다.

이 '출근율의 저하', 그 경향과 대책을 위해 경제 잡지《다이아몬드》1945년 3월 11일호는 「공중 폭격하의 출근 향상」이라는 특집을 꾸몄다. 활자만의 짧은 기사 세 개가 있을 뿐인 특집이지만, 사람들의 생활 감각의 일단이 엿보인다.

기사 첫머리에는 "이제 생산은 곧 전장―직장은 결전장이 되었다. 하늘의 적기 폭음을 들으며 근로자는 그 담당 부서의 일과 씨름해야 한다"라고 되어 있다. 상당히 불쾌한 직장이다.

아침 출근 시간에 공습경보가 울리면 공원, 사무원의 출발은

《다이아몬드》 1945년 3월 11일호

일제히 무너진다. 도중에 교통 정체를 걱정하거나 아니면 자신의 공장, 사무실 및 근무처가 공중 폭격에 노출됨으로써 생명이 위험할 거라고 예상하고 '결근'을 각오하기 때문이다.

필자는 이를 '근로 의욕의 결여'로 특징짓지만 '위험하니까 가지 말자'는 것은 인간이라면 당연한 행동이라는 이치도 통하지 않는 모양이다. "오후에 공중 폭격이 시작되고 4시경에 해제되자 많은 사람들은 방공 대피 자세를 근무 태세로 돌리지 않고 그길로 퇴근을 서두른다." 그러니까 그게 왜 나쁜 건가?

그 때문에 생산 능률을 저하시킬 뿐 아니라 교통 혼잡에 박차를 가해 스스로 귀중한 시간을 낭비하는 것이다.

초조함에 사로잡혀 전차를 기다리기보다는 작정하고 사옥에서 일을 계속하다가 빈 전차를 기다리는 것이 더 의미 있지 않을까. 앞으로는 해도 길어지기 때문에 더욱 이런 느낌이 든다.

에구, 애초에 문제는 교통난·교통 혼잡의 해소가 아니라 '공습하에서도 일하라'였는데, 이래서는 결국 '공습하의 시차 통근 권유'가 아닌가. 게다가 "앞으로는 해도 길어지기 때문에"라니 사태의 절박성에 비해서는 다소 한가한 분위기 아닌가.

1944년 10월의 야마노테선山手線 시각표. 야마노테선은 4분마다 발착하지만, 공습경보가 발령되면 달라진다.

《다이아몬드》지의 발행일은 3월 11일이다. 이상하게도 그 전날인 3월 10일 도쿄는 대규모 공습을 받아 온통 불에 타 허허벌판이 되었다. 이제 출근하는 사람도, 출근해야 할 회사조차 없어져버린 것이다. '공중 폭격하의 출근 향상'이라는 글자는 허무하게 초토에 빨려 들어갔음이 틀림없다.

전쟁과 안전

1943년 8월 '전시 생산의 증강'이라는 구호 아래 국민징용령 및 총동원법이 개정되어 군수산업을 중심으로 한 노동력 동원이 국가에 의한 '산업전선'의 소집에 응해야 한다는 성격이 한층 강화되었다. 징용으로 동원되는 곳은 민간 공장이지만, 그 공장도 어디까지나 국가에 징용되는 형식을 취하고 있었던 모양이다. 따라서 '사용자'인 각 기업의 사장도 국가에 의해 '사장 징용'됨으로써 노동 + 자본 + 국가라는 삼위일체의 전시 증산 체제가 구축되기에 이르렀다.

하지만 국가총동원법에 기초한 노동 적령 남자를 모조리 동원하는 것은 대량의 미숙련 노동자를 공장에 보내는 일이기도 했다. 전황이 한창 악화하고 있어 충분한 교육 기간도 갖지 못한 채 군수공장으로 보내진 '산업 전사'들에게는 사고가 속출했다.

신참 공원에 대한 안전 교육은 국가적 긴급 과제이기도 했다. 『전시 안전훈戰時安全訓』(다케다 하루지武田晴爾, 산업경제신문사産業経済新聞社)이 간행된 것은 1943년 9월이다. 개정 징용령이 시행되어 신참이 점차 공장으로 보내지기 시작한 시기다. 아울러 발행처는 현재의 《산케이신문産経新聞》의 전신

다케다 하루지, 『전시 안전훈』

인데, 망치를 든 공원상工具像 뒤에 전차가 더해졌다. 일본적 의사擬似 사회주의 리얼리즘적인 표지도 상당히 위험한 냄새를 풍기고 있지만, 내용은 더욱 어처구니없는 것이었다.

권두의 서문은 이렇게 되어 있다.

우리의 생산 성적 여하가 황국의 흥폐를 결정하는 중요한 요소라는 것을 확실히 알게 된 오늘날, 우리는 이제 후방의 사람이라고 말하는 것 같은 흐리멍덩한 사색을 좇아서는 안 된다. 나날의 직장을 결전의 새로운 전장으로 생각하고 필승의 전략을 짜내 불패의 생산을 쟁취해야 한다. 이 목적을 달성하기 위해 가장 필요한 것은 정신력의 앙양이다. 야마토다마시이大和魂를 더욱 연마하여 생산전生産戰에 끝까지 임해야 한다.

『전시 안전훈』의 삽화,
"국가에 봉납하는 노동
은 신성하다"(!)

　직장도 '생산전'의 전장이다. 그러므로 거기서 일하는 사람
은 '산업 전사'인 것이다. 야마토다마시이로 생산력이 좌우되
기 때문에 지독하게 정신적인 제조업이다.

　처음부터 이런 어처구니없는 정신론을 당당히 내놓고 있는
저자 다케다 하루지의 직함은 '후생성연구소 산업안전부장'이
었다. 쇼와 시대 초기부터 후생성 기술 관료로서 산업안전 관
리 전문가가 되어 전후에도 『안전 관리의 지표』『산업안전 개
설』 등의 저서를 남겼다. 신국 일본의 산업계 안전 관리의 수
장부터가 이런 광신적인 모습이었으니 역시 일본은 질 수밖에
없었던 것이다.

싸우는 일본 국가의 신체

    일본에서도 옛날부터 생산 직장의 안전을 바라는 마음은 있었다. 직장에 금줄을 쳐서 여러 가지 죄와 부정을 물리치고 깨끗이 해달라고 신에게 비는 마음, 액막이 부적을 붙여 직장의 무사를 바라는 마음은 고래로부터 있던 일본의 관습이었다.

앞에서 본 『전시 안전훈』의 한 구절이다. 일본에서는 옛날부터 직장의 안전을 신에게 빌었다는 아름다운 전통이 첫머리부터 이야기되는데, 그것은 증오하는 '서양류의 안전 사상'을 일소하기 위한 서론인 것이다.

    미영의 안전 운동은 물론 개인 사상 국가인 미영에서 생겨난 것이므로 그 기저에 흐르는 것은 개인주의와 자유주의다. (……)

『전시 안전훈』의 삽화, '생산병끼리의 싸움은 그만두라'. 상당히 아플 것 같다.

『전시 안전훈』의 삽화, '한 사람이 규율을 지키지 않으면 전체를 흐트러뜨린다'. 아, 이는 마음이 편해지는 흐뭇한 광경이다.

그들이 안전을 말하는 근저에는 정사선악正邪善惡이 아니라 이해득실이 있다. (……) 너무나도 저속하고 유치하며 악랄한 그런 생각은 일본에 결코 맞지 않다.

(……) 우리는 지금 순수하게 일본적인 청정한 마음으로 안전 사상에서 180도 전환을 이루어내야 한다고 믿는다.

공장에서의 '안전'이라고 해도 서양식과 일본식이 있다는 것은 알지 못했다. 다케다 하루지에 따르면 '안전'을 이해득실로 말하는 것은 '공리적 이기주의' "저속하고 유치하며 악랄한 생각"이며 일본인에게는 있을 수 없는 행위라고 한다. 그렇다면 다케다 하루지가 '180도 전환'을 가져온 순수하게 일본적인 안전 사상이란 어떤 것일까?

우리의 신체는 자기 멋대로 자유롭게 해서는 안 되는 폐하의 신민이고, 건물 설비나 기계 장치도 사업주의 것이자 사업주의 것이 아니다. 모든 것이 폐하께 귀속되어야 할 것이다. 만약 부주의나 과실로 인한 재해로 몸이 상하고 설비를 파괴하거나 소실되는 일이 있으면 신하로서 변명할 여지가 없는 불충이다. (……)

이렇게 생각하면 분명히 여러분의 신체는 여러분의 신체이면서도 여러분의 신체가 아니다. 싸우는 일본 국가의 신체다.

"싸우는 일본 국가의 신체다"라는 건 굉장한 구절이다.

일본 국내의 모든 물건도, 사람도 천황의 것이다 → 모든 것은 천황을 위해 써야 한다 → 그러므로 직장의 안전을 지키는 것은 신민의 의무다, 라는 상당히 어처구니없는 수준의 아주 심각한 천황제 산업 안전 사상이 개진되어 있다. 이런 것에까지 천황제가 얼굴을 내밀 줄은 생각도 못 했다. 현장의 노동자에게는 노동 재해가 곧 '불충'이 되는 것이므로 견딜 수가 없는 것이다. "싸우는 일본 국가의 신체"란 이토록 노예적인 것이었다.

사치는 인류의 적이다

전시의 출판 역사 또는 출판 탄압사에 반드시 나오는 남자로, 정보국 정보관 스즈키 쿠라조鈴木庫三라는 인물이 있다. 검열과 용지 통제로 출판사의 모가지를 비틀어 출판·매스컴 통제를 좌지우지할 만큼 대단한 권세를 자랑했다. 그의 심기를 건드리지 않도록 무슨 일이 있을 때마다 지면에 등장시켜 치켜세우기에 바빴던 것이 《주부지우》지였다. 실제로 주부지우사는 1941년 스즈키 쿠라조의 『가정 국방 국가 문답』이라는 어처구니없는 책을 간행했을 정도다.

이 스즈키 쿠라조가 《주부지우》 1942년 1월호에 「새로운 생활의 건설」이라는 글을 실었다. 최초의 소제목이 '사치는 인류의 적'인데, 이 구절을 보고 기절할 뻔했다.

중일전쟁과 함께 타오른 국민의 정신 운동으로 여러 가지 표어가 나타났습니다. 그중에서도 재미있는 것은 '사치는 적이다'라는 표어로, 이는 실로 진리를 정확히 지적한 것으로 보입니다. (……) 이 표어는 우리나라나 일본 민족에게 진리일 뿐 아니라 널리 전 세계에도, 전 인류에게도 진리여야만 합니다. 거기에 이 표어의 흥미로운 점이 있습니다.

스즈키 쿠라조

'사치는 적이다'라는 유명한 표어도 잘 생각해보면 이상한 슬로건이기는 하지만, 그것을 '사치는 인류의 적이다'라고 살짝 바꿨을 뿐인데도 상당히 어처구니없는 냄새를 풍긴다.

이번 세계의 큰 동란에는 여러 가지 원인이 있지만, 그중 가장 큰 원인 중의 하나는 세계의 경제적인 정체입니다. 세계를 경제적으로 정체시킨 주된 원인이 앞에서처럼 미영인의 지극히 사치스러운 생활에 있고, 그런 점에서 볼 때 미영인은 세계 인류의 적이라는 이야기입니다. 물론 이는 미영인만의 이야기가 아니지만, 사치를 하는 모든 사람은 성실한 생활을 하는 사람의 적입니다. 그

『국방 국가와 청년의 진로』,
대일본웅변회강담사, 1941

『국가 총력전의 전사에게
고한다』, 육군 정보부 엮
음, 1939

『세계 재건과 국방 국가』,
아사히신문사, 1940

리고 그것은 동시에 인류의 적임이 틀림없습니다.

　스즈키 쿠라조에 따르면 미영보다는 세계에 보편적으로 존
재하는 '사치'와 싸우는 것이야말로 '대동아전쟁'의 목적이었
던 것 같다. 물론 '사치'를 적의 위치에 두고 비상시의 내핍 생
활을 국민에게 납득시키기 위한 상징 조작의 측면이 있다고
하더라도 너무나도 사적 원한의 느낌이 짙은 억지 이론이었다.

1943년의 순사부장 시험 문제

전쟁 중에도 경찰관의 승격 시험은 있었다.《경찰사조警察思潮》1943년 5월호에 1943년도 나가노현 순사부장 시험 문제가 실렸다.

서술식 시험 문제는 '헌법 및 행정법' '형법·형사소송법' 등의 기본 문제와 '치안 경찰' '경제 경찰'이라는 부문별 문제로 나뉘어져 있다.

예컨대 '형법·형사소송법' 분야에서는 다음과 같은 문제가 나왔다.

2. 다음의 말을 간단히 설명하라.

(1) 전시 절도

《경찰 사조》 1943년 5월호,
경찰사조사警察思潮社

(2) 간접 정범正犯

(3) 수복首服

(4) 영치領置

(5) 변사變死

'전시 절도'라는 것은 현대에 완전히 사어가 되었지만 전시 형사특별법에 따라 규정된 범죄로, "전시의 등화관제 중 또는 적 공습의 위험, 그 밖에 사람의 마음에 동요를 일으킬 만한 상황인 경우" 절도에는 "무기 또는 3년 이상", 강도에는 "사형이나 무기 또는 10년 이상의 징역" 등 평시 이상의 중형에 처해졌다. 덧붙여서 말하자면 '수복'이란 "고소권자에게 자신의 범죄 사실을 알리고 그 조치를 맡기는 것"이라고 한다.

한편 '치안 경찰' 부문의 문제도 논술 형식이었다.

1. 최근 좌익 운동의 방법과 그 형태에 대해 설명하라.

2. 다음의 말에 대해 설명하라.

(1) 동방동지회東方同志会 (2) 협화회協和会 회원장会員章[37]

(3) 조르게 (4) 식량영단食糧営団[38]

(5) 신문잡지新聞雑誌의 압류

272

'어둠! 게다가 제도帝都에서 이런 행위를'. 경제 경찰의 검거 모습을 보도하는 《사진주보》 제239호, 1942년 9월 23일

애초에 1943년이라는 시기에 '좌익 운동'이 존재했나, 하고 추궁하고 싶지만 요코하마 사건橫浜事件(1942년 9월)처럼 뭐든지 '좌익 운동'으로 날조했으니 경찰로서는 '아직 좌익 운동이 있다'고 말하는 것이리라. 일단 이 문제의 모범 해답을 알고 싶을 뿐이다.

'동방동지회'에 대해서는 설명이 필요할 것이다. 반도조파反東條派의 우두머리인 나카노 세이고中野正剛가 이끈 당파를 말하는데, 1943년 10월 26일 반도조파에 대한 검거가 일제히 시작되었다. 그 이튿날 나카노 세이고는 자결했다. 《경찰사조》의 발행이 이 사건의 5개월 전이라는 것을 생각하면, 순사부장 승진 시험의 문제에도 등장할 정도이므로 동방동지회는 상당히 일찍부터 치안 경찰의 감시를 요하는 단체가 되었던 것으로 보인다.

결전하의 주택

　작가 우노 치요宇野千代는 젊은 시절 편집자로서《스타일》이라는 전설적인 여성 잡지를 창간했다. 전시 통제 때《스타일》은《여성생활》로 이름을 바꾸고 1944년 초까지 존속했다. 이《여성생활》지에 '결전형 주거' 설계안이 수차례 실린 것을 찾아냈다.

　집필자는 무사시武蔵공업고등학교 교수 구라타 치카타다蔵田周忠였다. 전통 민가에 대한 건축학적 연구로 전전부터 유명한 건축가다. 이 기사에서 그는 오랜 세월에 걸쳐 축적해온 연구에 입각하여 최소한의 재료로 어떻게 살기 좋은 '결전형 주거'를 만들 수 있을까, 하는 굉장히 실험적이고 유용성이 높은 설계안을 제안했다.

　예컨대 '부모와 아이 세 명이 사는 결전형 주택'을 보기로

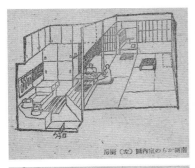

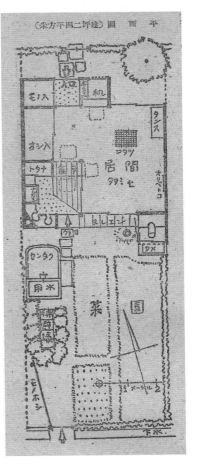

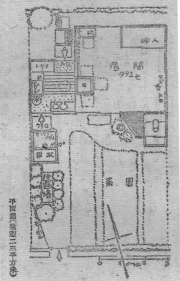

오른쪽 : 《여성생활》 1944년 2월호에 게재된 '결전형 주거'의 방 배치도
왼쪽 위 : '결전형 주거'의 내실 겨냥도
왼쪽 아래 : 주거 공간을 더욱더 압축한 결정형 주택의 겨냥도(같은 책 1944년 3월호)

《여성생활》1944년 2월호, 스타일사. 당시의 잡지 중에서 표지 감각이 발군이다.

하자. 정말 귀여운 집이다. 단층이고 욕실이 없으며 차고가 없는 것은, 당시의 서민 주택으로서 당연한 것이기 때문에 하등 놀랄 만한 일이 아니다. 그런데 부지의 절반을 텃밭으로 하는 점은 심각한 식량 부족에 시달리는 시국을 짙게 반영하고 있다. 방의 수도 다다미 일곱 장을 까는 방 하나뿐이었다. 게다가 '가스 절약'으로 부엌의 연료는 신탄薪炭을 사용하는 걸 상정하고 있다. 뜰에는 방공호(대피호)도 있어 안심이 된다. 자원 절약과 최소한의 주거 공간에 방공호가 딸린 콘셉트라서 '결전형'인 걸까.

그건 그렇다 하더라도 주택까지 '결전형'이라고 명명하는 데는 놀라울 뿐이다.

전후에 많이 지어진 문화주택(방 두 개와 부엌)이나 탄광주택에 비해 방의 수가 적고 협소하지만 살기 좋아 보이는 것은 넓은 텃밭이 딸려 있기 때문일 것이다. 지금 보면 친환경적인 집 짓기 같은 맥락으로 현대에 부활할 수 있지 않을까, 하고 생각해보기도 하지만, 잘 보면 '결전형 주택'이 내 집보다 넓다.(흑흑)

항공기를 가정에서 만들어라!

항공기를 가정에서 만들라는 기묘한 절규가 《주부지우》 1944년 10월호의 지면에 요동쳤다. 우와, 과연 기술 대국 일본이다, 굉장해.

비행기 한 대에 약 3천 개의 부품이 필요하다. 그 부품 중에는 가정에서 만들 수 있는 것이 약 절반이다. 이처럼 가정에서 만들 수 있는 부품 제작까지 공장에만 맡겨도 좋은 걸까.

(……) 이미 이런 결의에 불타올라 가정에서 또는 도나리구미 공장, 자치회 공장 등에서 묵묵히 항공기 부품을 만드는 주부들이 적지 않다.

뭐라고! 우리 황군의 비행기가 가내수공업으로 만들어졌던

「육군 무기 보급창에서 일하는 여성 부대」, 《부인구락부》 1943년 10월호. '전차의 부속품 설치 작업'을 담당하는 부인들. 공장에서도 앞치마를 두르고 있는 데는 놀라지 않을 수 없다.

거야, 하고 꾸민 티가 나게 놀란다고 해도 어쩔 수 없다. 가장 중요한 무기 생산까지도 이제 주부의 동원으로 간신히 가능할 정도로 내몰렸다고 생각했지만, 기사를 자세히 읽어보면 이건 사실 '부업'의 연장이었다.

　　도쿄도 고이시카와구小石川区 사시가야초指谷町의 무라코시村越 씨 일가의 가정 공장은 현관의 봉당을 개조한 한 평짜리 전시형戰時型 공장이다. 부모 대부터 해온 밀개떡집燒麩屋을 내팽개치고 일단 이기기 위한 증산으로 감연히 전향한 주인을 도와 부인과 여동생들도 지금은 훌륭한 숙련공이 되었다. (……) 4대의 소형 선반旋盤은 하루 종일 용맹한 진격의 악보를 연주하고 있다.

단조로운 나사골 내는 작업도 중요한 항공기 부품의 일환이다. 이 한 평짜리 공장의 건설비는 불과 백 엔이다.

게다가 가족 4인의 수입은 한 달에 천 엔에 가깝다고 하니 굉장한 일이 아닐 수 없다.

1944년 말에는 이미 재료가 들어오지 않아 밀개떡집을 할 수 없었을 거라는 사실을 상상하기란 어렵지 않다. 1944년 당시의 천 엔은 지금의 돈으로 환산하면 30만 엔이 조금 못 된다 (일본은행, 기업 물가 전전 기준 지수에 따름). 일가 4인으로

앞의 책 같은 특집에서. 부인들이 만들고 있는 것은 중기관총, 포탄, 쌍안경 등이다. 일부를 제외하고 사람들 대부분이 여기서도 앞치마를 두르고 있다.

하루 종일 선반을 돌려 한 달에 30만 엔은 좀 가혹하지 않을까 싶지만, 당시의 소비 생활에서 보면 《주부지우》의 기자가 쓴 것처럼 '굉장한' 일일지도 모른다. 이 기사의 첫머리에는 이렇게 핏대를 올리는 선동이 휘갈겨 쓰여 있지만 말이다.

　　공격. 적을 공격하라. 미귀米鬼는 목전에 다가왔다. 동포의 피를 마신다. 아무리 미워해도 충분하지 않을 적 미국. 지금이야말로 모든 여성은 한 덩어리가 되어 적에 맞선다. 승리로의 돌격로를 열자.

이런 '미귀 증오'의 선동과 '한 달 천 엔'의 돈벌이 이야기가 병존하고 있는 곳에 이 부업 특집 기사의 불가사의한 세속성이 있는 것이다.

'심어서는 안 되는 양귀비' 재배법

《부인구락부》1942년 2월호를 넘기다가 손이 뚝 멈췄다. 국책 협력을 위한 「빈 땅을 이용한 약초 재배」 페이지에 아편 제조법이 과감히 기재되어 있었다.

대마도, 필로폰도 대일본제국에서는 합법이었기 때문에 놀랄 것까지는 없다. 게다가 아편은 만주나 사할린에서 국책으로 재배했다는 사실도 있다. 그러나 내지의 가정 텃밭에서도 아편을 재배하고 있었을 줄은 몰랐다.

중요한 것은 재배법이다. 그런데 어디까지나, 정말 어디까지나 역사적 자료로서의 견지에서 다시 수록해보자. 집필자는 후생성 도쿄 위생시험장 조벽용精壁用 약용식물 재배 시험장 시험 포장장圃場長인 와카바야시 에이시로若林栄四郎다.

「공터를 이용하는 약초 재배」라는 제목만 보면, 설마 공터가 아편밭이 되었다고는 생각하지 않을 것이다. 《부인구락부》 1942년 11월호

양귀비 재배법

양귀비에서 채취하는 아편은 중요한 약용 원료인데, 중일전쟁 이후 민간이나 군의 수요도 굉장히 증가하고, 게다가 입수가 점점 어려워졌기 때문에 정부에서는 아주 열심히 대응하고 있습니다. 종자는 부현附県의 위생과에 신청하면 무료로 드립니다.

놀랍게도 '관허'일 뿐 아니라 위에서 종자를 배포했을 줄이야! 게다가 무료! 꼭 응모해보고 싶다.

평이랑이나 밀밭처럼 이랑을 만들어 한 줄로 심습니다. 솎아내기는 가을 파종이라면 세 번, 봄 파종이라면 두 번 하는데 모종 사이를 12~15센티미터쯤 두고 제초는 일찌감치 부지런히 하며 비료는 쇠두엄, 인분뇨, 닭똥, 재 등 거의 뭐든지 상관없습니다.

후생성과 사할린청 (당시)의 지도 아래 사할린에서 생산되고 있던 '약용 양귀비' 밭의 사진. 《사진주보》 1942년 10월 21일.

이것은 거의 아편밭 만드는 법이다. 서랍 속이나 베란다에서는 어려울까?

키가 40센티미터쯤 되면 한 번 북돋우기를 하고, 곁순은 일찌감치 모두 떼어내 꽃봉오리는 한 줄기에 하나만 남깁니다. 꽃이 지고 열매가 열리면 충실해지지 않은 시기를 보아 작은 칼로 상처를 내고 거기서 나온 즙을 주걱으로 긁어 그릇에 모읍니다. 이를 햇볕에 말리고 자잘하게 깨서 깡통에 넣어 저장합니다. 그것이 곧 아편인데, 100제곱미터에서 대충 200그램에서 250그램쯤 채취할 수 있습니다.

100제곱미터라고 하면 1아르쯤이다. 수확량이 250그램이라면 소매가격으로 상당한 액수가 될 것이다. 후생성은 꽤나 본격적인 아편 제조를 장려했던 것이다. 그 밖에 이 기사에서는 아편의 매입 시세까지 친절하게 가르쳐준다. 아니, 매입해주는 데가 있었단 말인가, 하고 깜짝 놀랄 뿐이다. 아, 너무 늦게 태어났다.

전쟁을 위한 수험 전쟁

전시라고 해도 대일본제국은 여전히 고도의 국방 국가가 아닌 고도의 학력 국가임에 변함이 없으며 흘러넘치기만 하는 출세욕을 원료로 격렬한 수험 전쟁이 현실의 전쟁과 병행되고 있었던 듯하다. 지금과 다르지 않게 수험 산업도 융성했던 모양인지 《형설시대》(왕문사 旺文社), 《학생》(《수험과 학생》으로 개제改題)(연구사 研究社) 등의 잡지가 전쟁 말기까지 살아남았다.

《학생》 1942년 10월호. 특집은 「학제 개혁과 그 영향」이었다.

전국적 차원에서의 동세대 교류 같은 건 전무하다시피 한 시대, 그 커뮤니케이션의 장을 떠맡은 것이 수험 잡지의 투서란이었다. 예전 학생의 자신감 넘치는 모습은 대단했다.

이봐, 육사 예과를 지망하는 제군들, 뭘 그리 꾸물거리는 거지? 좀 더 힘을 내라고. 공부만 하고 있지? 운동 좀 해. 그 넓은 연병장에서 종일 연습을 하는 예과생을 생각해보라고. 나는 하루라도 빨리 그 모자를 쓰고, 그 제복을 입고, 그 검을 차고 싶어. (……) 그 군신 가토 소장도 육사를 나오지 않았나. (……) 나는 육사 수험을 보는 제군들에게 지지 않을 거야. 제군들, 많이 분발해서 아침 안개 낀 그 교정에서 만나지 않겠나. (육사 예과 공격대원)
　　—「독자회」 코너에 들어온 투서, 《학생》 1942년 10월호

여기서의 '육사'는 육군예과사관학교를 말한다. 지금 읽으면 결국 너는 육군사관학교 코스프레를 하러 가는 거야, 하고 말하고 싶지만 당시에는 "그 모자를 쓰고, 그 제복을 입고, 그 검을 차"는 것이 멋있었을 것이다. 당시의 중등학교 학생용 수업 잡지에는 육해군학교를 목표로 하는 중학 4~5학년생(지금의 고1, 고2에 해당함)들의 유치한 투서로 흘러넘쳤다.

만천하의 육사 지망자 제군들! 우리는 아직 3학년의 애송이이

기는 하지만 영광스러운 장교 생도가 되려고 마음의 준비를 하고 있는 사람들이지. 우리는 1학년 때와 2학년 때 두 번 육군유년학교 시험을 봤지만 그때마다 무운武運이 안 좋아 패배의 치욕을 당했어. 그러나 우리는 그 정도로는 주저앉지 않을 거야. 제군들, 우리의 황군이 동서남북에서 그런 경이적인 전과戰果를 올린 것은 첫째 월, 화, 수, 목, 금, 금의 인내와 노력이 있었기 때문이지. (……) 제군들의 건투를 비네. (봉일중 건남아奉一中健男兒)

—《학생》1942년 11월호

육군유년학교에 두 번이나 떨어졌지만 꿈을 버리지 않고 육사에 다시 도전하는, 육사에 홀린 듯한 사람도 있었다. '봉일

센바 타로せんば太郎의 그림, 《형설시대》 1943년 2월호. ABCD 포위망이란 일본이 프랑스령 인도차이나에 진주한 것에 대한 경제 재제(대일 무역의 동결과 석유 수출의 전면 금지 등)에 일본 측이 붙인 호칭이다. ABCD는 미국, 영국, 중국, 네덜란드를 가리킨다. "대동아전쟁 발발로 ABCD 포위망은 무너졌지만 수험생은 아직도 영어에 곤란을 겪고 있다"는 것을 만화로 표현했다. 전시의 영어 교육에 대해서는 이 책의 「결전하의 실전 영작문」「영어는 일본어다」 항목을 참조할 것.

중'은 만주국의 구제旧制 봉천제일奉天第一중학교일까. 그는 그토록 군인이 되고 싶었을까. 하지만 그의 패인은 "월, 화, 수, 목, 금, 금의 인내와 노력"이라는 지독히 정신주의적인 수험 공부 스타일에 있었던 것은 분명하다. '토·일'이 없으므로 두뇌 활동이 정체되었을 것이다. 그런 상태로는 수험 전쟁은 물론이고, 진짜 전쟁에서도 이길 리가 없다.

식민지 지배를 위한 학교

그런데 '대동아전쟁' 수행과 연결된 교육기관은 물론 군 관계 학교만이 아니었다. 당시의 수험 잡지에서는 「남진을 지망하는 여러분을 위해」「남방 진출의 발판이 되는 학교」「대동아전쟁이 낳은 학교와 학과」 등의 특집이 꾸며졌다.

일일이 열거하면 끝이 없지만 이제 환상이 된 학교·학과도 많다.

국립 척남숙拓南塾(척무성拓務省에서 대동아성으로 이관, 대동아 연성원으로 통합) / 메이지대학 전문부 흥아과興亞科 / 호세이대학 대륙부 / 메이지학원 고등학부 동아과 / 니혼대학 전문학부 척식과拓植科 / 국학원대학 전문부 흥아과 / 척식대학 전문부 개척과 / 홍아공업대학(현재의 치바공업대학) / 동아전문학교(재단법인 히로이케廣池학원이 설립. 현재 레이타쿠대학의 기초) / 홍아전문학교(현재의 아세아대학. 초대 이사장은 '천황기관설'을 배격한 기쿠치 타케오菊池武夫 남작) / 남양학원('남방 건설의 지도자를 육성'하는 것이 목적. 프랑스령 인도차이나의 사이공에 있었음)

식민주의를 그대로 드러내는 학교들이《학생》지의 수험 안내에 올라와 있다. 거기에 (만주) 건국대학이나 동아동문서원東亞同文書院대학, 베이징 홍아학원 그리고 각종 전문학교·사설 학원 등까지 포함하면 엄청난 수에 이른다. 당연히 이런 학교를 목표로 하는 이들은 모두 지나치게 고양된 황국 소년들이었다.

《학생》 1943년 1월호. 해변에서 설날의 해돋이를 향해 학생복 차림의 학생이 히노마루를 높이 들고 있는, 잘 생각해보면 굉장히 초현실적인 표지. 친구가 없을 듯하다.

모든 도쿄외국어학교(나중의 도쿄외국어대학) 지망자 제군! 남은 건 앞으로 두 달이다. 죽어도 분발하라!! (……) 나는 남방으로 가 교사가 되어 원주민은 물론이고 화교 사제師弟에게도 야마토다마시이大和魂를 불어넣겠다. (……) 오오, 우리의 도쿄외국어학교여! 올해는 반드시 뚫어 보이겠다. (난카이南海의 쇼인松陰[39])

—《학생》1943년 1월호

　분명히 말하자. 타인에게 폐를 끼치는 일은 그만두라! 아울러 깊은 생각이 담긴 펜네임 '난카이의 쇼인'은 좀 어떻게 할 수 없나? '아시아 해방'을 대의명분으로 흥아주의興亞主義나 팔굉일우 사상을 외친들 실제로 식민지 지배를 말단에서 지탱한 아류 인텔리들의 근성은 이렇게 역겨운 엘리트주의나 출세욕과 밀접하게 연결되어 있었다는 사실을 분명히 알 수 있다. '난카이의 쇼인'이 불합격했기를 간절히 바란다.

대동아공영권에서 온 유학생 운동회의 한 장면. 일본의 해외 침략은, 아시아의 차세대 지도자들을 일본적으로 양성하기 위해 많은 유학생을 일본으로 불러들이는 것으로도 이어졌다. 사진은 '별 십자 경쟁'. "중심에 묶인 끈을 다섯 명이 각자의 몸에 묶고 신호와 함께 자기 앞에 있는 깃발을 잡는다"는 한심한 경기인 모양이다. 《부인 화보》 1943년 1월호, 동경사東京社

이거다, 결전 여행 체제!

전시에도 '여행' 잡지가 나왔다. 동아교통사, 즉 나중의 JTB가 냈던 그 잡지의 이름은 바로 《여행旅》이다. 내 앞에 있는 1943년 6월호 표지에는 크게 '여행 지도 잡지'라고 인쇄되어 있다. 이 지칠 줄 모르는 지도 정신에 약간 호감이 간다. 아니, 쓸데없는 간섭이다. 자긍심이 높은 대일본제국 국민의 공공 매너의 미개함을 보여주는 것이 이 기사다.

이거다, 결전 여행 체제—5월부터 시즈오카에서 실시

나고야 철도국 시즈오카 관리부에서는 결전 여행 체제의 강화 운동이라 명명하고 여행 도덕의 향상 운동을 군부, 경찰, 익찬회 등의 협력 아래 5월부터 실시한다. 이는 단지 선전만의 공전으로 끝내는 것이 아니라 적극적이고 강력한 것으로서 행해야 할 다음

《여행》 1943년 6월호, 동아교통사東亜交通社. 거대 기업이었던 만큼 매호 이 잡지를 장식하는 모델의 의상은 여정旅情을 이끌어내기 위해 많은 공을 들였다.

과 같은 광범위한 종합적 실천 운동을 전개한다.

1. 통학생의 한 좌석에 세 명 앉기 실행

2. 한가운데 승차, 일렬 승차에 힘씀

3. 통학생, 일반객에 대한 자리 양보에 힘씀

4. 주요 역 군관민 일체의 공습하 여객 피난 훈련 시행

5. 삼등객의 이등석에 대한 편의 승차 금지

6. 차내 음식물 쓰레기를 갖고 돌아가는 일에 힘씀, 동시에 역 내, 대합실 내의 정화 운동을 한다. 확성기 방송으로 여행객에게 호소한다.

《사진주보》에 게재된 전시의 차내 사진. 바닥에 산더미처럼 쌓여 있는 도시락 찌꺼기. 열차의 좌석 아래에 쓰레기를 놓는 것이 여행 매너의 하나였다고는 하나 이 정도로 더러워졌다면 쓰레기통을 설치하는 게 나았을 텐데, 당시의 여행객은 어떻게 느꼈을까, 하고 쓸데없는 걱정을 하게 된다.

"결전 여행 체제"라는 구절은 '결전'과 '여행'이라는 얼핏 인연이 먼 개념이지만, 일체가 되어 있으므로 이상한 어감을 갖고 있다. 요컨대 '결전하에서도 여행은 한다'라는 것이다. 그건 그렇더라도 결전 여행 체제의 내용은 상당히 한심하고, 대일본제국 신민은 옛날부터 타인에게 자리를 양보하지 않았던 것으로 보인다.

당시의 차내에서 방송된 주의는 이런 것이었던 모양이다.

여러분, 대합실과 차내를 청결하게 합시다. 대합실 안은 여러분의 마당이고 방입니다. 음식 찌꺼기는 반드시 쓰레기통에 넣어주세요. 또 객차 안에는 쓰레기통이 없으니 버리지 말고 가지고 돌아가 주세요. 철도는 차내 청소를 점차 폐지할 것입니다. 차내 청소를 하는 인력을 좀 더 중요한 곳에 써야만 합니다. 음식 찌꺼기는 반드시 가지고 돌아가 스스로 처리하도록 하세요.

《사진주보》 등에서 보이는 당시의 한 열차 안은 쓰레기투성이었다. 게다가 총동원 체제하에서 '철도의 차내 청소를 점차 폐지'한다고 하니 차내는 더욱 불결해졌을 것이다. 그건 그렇고 당시에는 학교에서 '도덕'이 아주 심하게 주입되었을 텐데 이 꼬락서니는 뭐란 말인가. '공공심으로 가득 찬 예의 바른 전전의 일본인' 전설은 슬슬 퇴장해주었으면 싶다.

로마자·영문자를 추방하라

《주보週報》(1943년 1월 6일호)의 투서란에는 이런 어처구니 없는 일본 이데올로기의 보물이 잠들어 있었다.

영문자 추방론

거리, 집, 우리 주변에는 로마자·영문자가 범람하고 있다. 특히 간판이나 포장지에 아주 심하다. 공영권 사람들이 일본을 방문한 다면 이를 보고 어떻게 느낄까. 그들과 마찬가지로 미영의 '문화'에 지배당한 일본으로 파악하고, 지도국 일본에 대한 신뢰감이 엷어지지 않는다고 과연 단언할 수 있을까.

거리에서, 집에서, 우리의 생활에서 전혀 이득이 없는 로마자, 영문자를 추방하고 우리 본래의 문자로 거리를, 생활을 채우지 않겠는가. (한 귀환병)

「간판에서 미영색을 말살하자」, 《사진주보》 제257호, 1943년 2월 3일. "이곳은 결코 뉴욕이나 런던의 거리가 아니다. 일본의 거리다. 게다가 우리는 지금 미영과 싸우고 있다. 그런데도 우리 일본의 도시에 알파벳 간판이 범람하고 있는 것은 어떨까. 미영에 빌붙는 이런 간판은 단연코 내려야 하지 않을까." 미영이 미우니 간판마저 밉다는 것이다.

이 아저씨가 "로마자·영문자"를 마음에 들어 하지 않는 것은 알겠지만, 그것을 '추방하자'고 소리 높이 주장한 것에 비해 근거가 다소 박약한 것이 우습습니다. "공영권 사람들"에게 알파벳을 추방한 "지도국 일본"의 훌륭함을 보여주라는 것도 20세기를 살았던 인류의 발언이라고는 생각되지 않는 한심한 국수주의다. 문화적 식민주의의 깊은 병인을 언어 사냥言葉狩り[40]으로 어떻게 해볼 수 있을 것이라 생각하는 것도 다소 안이한 발상이다. 메이지 이후 우리 대일본제국이 추진한 서양 문화 수입 정책에 대한 근본적 반성을 하지 않으면 곤란하다.

애초에 미영 문화와 로마자를 동일시하는 이들이 우스꽝스러운 존왕양이尊王攘夷론자들이다. 우방 나치 독일이나 파쇼 이탈리아도 로마자를 사용하고 있는데 그건 어떻게 할 거냐고,

「미영 레코드를 내쫓자」, 《사진주보》 제257호, 1943년 2월 3일. "귓속에서 아직 미영의 재즈 음악이 울리고 / 망막에 아직 미영의 풍경이 비치고 / 온몸에서 아직 미영의 냄새가 물씬 풍기는데 / 그래서 미영에 이긴다는 것인가' 하고 대일본제국은 국민에게 호소했다.

별 소용도 없는 말을 하고 싶어질 정도다.

이 투서가 계기가 되었는지 어떤지는 모르겠지만《주보》1월 27일호의 「미영 음악의 추방」이라는 제목으로 정보국과 내무성이 작성한 '금지 미영 음악 레코드' 일람표가 발표되었다.

그리고 1943년 2월 3일에 발행된 《사진주보》(《주보》의 자매지)에는 「간판에서 미영색米英色을 말살하자」「이것이 일본인에게 파는 일본 상품일까」 하는 대형 특집이 꾸며져 '미영색 일소一掃'의 대합창이 시작되었다.

정보국에 따르면 이러한 일대 캠페인도 '사상전의 일환'이었다고 하는데, 간판에서 알파벳이 사라진들 그것이 어떻게 전쟁에 이기는 것으로 이어진다는 것인지 전혀 알 수가 없다. 이것이 언령言靈의 나라·신국 일본이 아니고서는 있을 수 없는 광신적인 총력전의 일단이다.

모형보국 模型報國

전시에서도 살아남은 마니아적인 취미의 하나로 '모형 만들기'가 있었다. 내 앞에 있는 《과학과모형》지가 발행된 것은 1943년 10월이다. 야마모토 이소로쿠山本五十六 장관이 탄 비행기가 격추된 후에도 아직 이렇게 한가한 잡지가 나오고 있었던 것이다.

전황의 악화와 함께 모형 마니아인 청소년들은 점점 전쟁에 사로잡힌다. 모형 가게로서는 전쟁을 장사의 소재로 삼는

《과학과모형》 1943년 10월호, 과학과모형사.

것까지는 괜찮지만, 실제로 전쟁이 시작되면 손님이 없어지는 것이 지금도 변함없는 딜레마다. 그런데 거기에 새로운 손님이 나타났다. 국민학교 선생님들이다.

애초에 이 잡지의 발행처는 당시의 대규모 모형상模型商이었던 아사히야이과모형점朝日屋理科模型店의 자회사 '과학과모형사'다. 아사히야의 3대 주력 상품이 '군함 모형 조립 재료—곤고金剛·하루나급榛名級, 묘코砂高·나치급那智級' '군함 모형 국민학교 보조 교재—무츠陸娛, 하츠카리ハツカリ' '국민학교 보조 교재용 신무기 모형 조립 재료—열차포, 고사포, 달리는 잠수함'이었다. 국민학교의 보조 교재가 '군함' '신무기'의 모형이었다는 것은 놀라운 일이다. 그렇다면 대체 무슨 수업이었을까?

조사해보니 1941년 국민학교령으로 초등과·고등과 공통 과목인 '예능과' 안에 음악·습자·도화圖畵와 나란히 '공작'이 처음으로 등장한다. 공작을 통해 황국민으로서의 의식을 함양하고 '과학 하는 마음'을 습득하게 한다는 것이다. 신설된 '공작' 교육의 주된 소재가 군함, 전차, '신무기'라는 군사 교재로 향하는 것은 필연적이었다.

《과학과모형》1943년 6월호의 「국민학교 예능과 공작 교재 해설」에 소개된 '모형 방독면'은 이상함에서 발군이다.

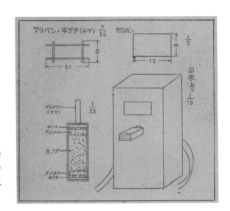

모형 방독면의 완성 예상도. 이것과 같은 것이 초등과 도화 교과서에 있었고 《과학과모형》 에는 그 작례로 소개된 것으로 보인다.

이 교재는 비교적 많은 재료를 종합적으로 사용해 모형 방독면을 만들고, 화학적 장치를 이용한 구성에 대해 수련하며, 아동의 구성력 및 국방 사상을 함양하고 또 방호 훈련에 이바지하게 한다.

이것이 이 교재의 목적이었다고 한다. 제작한 것은 당시의 오사카부립 시오쿠사塩草국민학교의 교장 이마이今井 아무개였다. 교장 스스로 팔을 걷어붙이고 방독면을 만들었다는 데는 두 손 들었다. 이런 고상한 방독면이 대체 어떤 것이었는가 하면, 위의 그림처럼 아무리 봐도 변태가 뒤집어쓰는 종이 주머니 같은 물건이다. 상상력의 극치라고 해야 할 조형이다. 과연 이 '방독면'이 어떤 '구성력'과 '국방 사상'의 함양에 도움이 되었을까. 아마도 신만이 아실 것이다.

딸기우유는 금지!

당시의 정부 홍보지 《주보》의 투서란 「통풍탑通風塔」에 이런
투서가 실렸다.

진정한 전쟁 생활

우리는 대동아전쟁의 현 단계도, 또한 허다한 어려움과 인고가
가로놓여 있는 장래도 충분히 이해하고 그것에 대한 각오도 되어
있다고 생각한다.

따라서 전쟁 생활에 철저히 임하는 것이 대동아전쟁을 이겨내
는, 후방에 있는 우리의 최대 의무라고 믿고, 최근에 활발하게 외
치고 있는 전쟁 생활에 철저히 임하라는 말에는 최대의 관심을
기울이고 있다. 하지만 그것은 쓸데없이 관념적이어서 우리가 어
떻게 살아가야 하는가 하는 구체적인 것이 결여되어 있다.

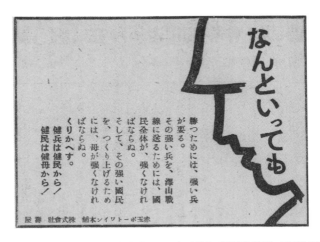

아카다마赤玉 포트와인 광고. 《집의 빛》 1942년 12월호. "건강한 병사는 건강한 어머니로부터!"라는 국책 슬로건이 전면에 나오고 '아카다마 포트와인'은 아래의 구석으로 밀려나 있다. 이것도 '비상시에 이런 사치품이 뭐냐!' 하는 세상의 비난을 피하기 위한 수법이었던 모양이다. 광고주인 고토부키야寿屋는 현재의 '산토리'다.

그런데 이 호소가 이루어지는 현재, 한편에서는 한겨울에 아이스크림의 판매가 허용되고 있다. 최근에는 딸기우유라는 것이 일부 사람들에게 음미되고 있는 반면 우유 부족에 시달리는 모자母子가 많다. 이는 한 예에 지나지 않지만 이와 비슷한 평시적인 생활이 너무나도 많다.

전쟁 생활을 구체적으로 교시하고 동시에 전쟁 생활에 반하며 그것을 저해하는 인자를 신속하게 추방하기를 간절히 바란다.

(산시로三四郎)

—《주보》 1943년 4월 14일호

이 투서의 전반이 '전쟁 생활'에 대한 결의 표명에, 후반이 '딸기우유'에 대한 증오에 할애되고 있는데, 이렇게 호언장담하는 모습과 '겨울의 아이스크림'에 쌍심지를 켜는 편협함이 모순 없이 접합되어 있다는 점이 대단히 흥미롭다.

게다가 상당히 공격적이어서 "전쟁 생활에 반하며 그것을 저해하는 인자를 신속하게 추방하기를 간절히 바란다"고까지 말하고 있기 때문에 일본적 동조同調 압력이라는 민족적 전통의 틀만으로는 수습되지 않는 편집증적인 모습에 그저 놀랄 뿐이다. 그렇게 까닭 없이 싫어하지 말고 순순히 '딸기우유'를 마셔보면 좋을 텐데 말이다(마리 앙투아네트풍으로).

"캐러멜도 싸우고 있다", 모리나가森永 밀크캐러멜의 광고. 《도쿄아사히신문》 1939년 11월 26일자. 모리나가는 시국의 추이에 상당히 민감하게 반응하여 전의戰意 앙양의 파도에 올라타기 위해 상당히 무리가 있는 카피를 썼던 듯하다.

객관적으로 보면 이 사람은 평소에 타인에게 느끼는 불만이나 울분을 '나라를 위해'라는 걸 구실로 삼아 몽땅 털어놓고 있는 것이다. 천하의 정부 홍보지에까지 투서를 하는 맹렬한 '의욕'은, 아무리 당시의 사정을 감안한다고 해도 역시 병적인 것이라 하지 않을 수 없다. 이 '병'이란 바로 내셔널리즘이라는 병인데, 스스로를 국가와 일체화함으로써 단순한 개인적 감정, 즉 불평이 어느새 전쟁 승리를 위한 대의명분으로 바뀌는, 주위 사람에게는 아주 성가신 증상을 드러내고 있는 것이다.

전쟁과 과자점의 사명

'전쟁이 시작되면 과자는 대체 어떻게 될까?' 1937년 7월에 발발한 루거우차오蘆溝橋 사건 직후 전국의 과자점 주인은 부들부들 떨었다. 그렇지 않아도 '비상시국'에서 사치품에 대한 비난이 점점 강해지고 있는데, 앞으로 예상되는 물가 통제·물자 통제를 어떻게 극복해나갈 것인지 과자점 주인의 마음속에 암운이 드리워졌으리라는 건 상상하기 어렵지 않다.

이런 업계의 불안을 일소하기 위해 당시의 과자 업계 전문지《제과실험》(제과실험사製菓実験社)은 곧바로 1937년 9월호에서 「전쟁과 과자」를 특집으로 했다. 과자인 만큼 상당히 향기로운 기사로 가득하다.

애국심으로 시대에 적절히 대처하자

거국적인 미증유의 난국에 대처하려고 할 때, 영업자로서 엄중히 경계해야 하는 것은 부정과 탐욕이다.

중일전쟁은 포악한 중국을 응징하는 성전이고 동시에 대내적으로는 비애국적인 중국류의 악덕 분자를 소멸시키는 도덕전이 아니면 안 된다.

과자점이여, 기술자여, 시대와 함께 나아가라. 이는 우리

《제과 실험》 1937년 9월호, 특집 제목은 「시국 대책 연구호」

가 항상 지상誌上에서 외쳐온 것이었다. 게다가 시대로서 오늘날만큼 중대한 시대는 없다.

본지는 여러분이 이 기회에 시대에 대한 올바른 인식을 갖고 치열한 애국심으로 업계 전체의 명예와 신용을 유지하는 데 건투하기를 간절히 바라는 바다.

제과실험사 사주 가네코 쿠라키치金子倉吉의 권두언부터 상당히 광신적인 '과자 보국' 선언이다. 과자 업계가 살아남기 위해서라고 하더라도 "비애국적인 중국류의 악덕 분자를 소멸시키는 도덕전"이라는 아주 가혹한 말을 외치기 시작하는 건 정

《제과실험》권두의 그림에서. "애국심을 넣어 / 용사가 기뻐하는 / 과자를 만들자". 소개되어 있는 과자는 위에서부터 '쿠키' '후르츠 드롭스와 초콜릿 드롭스' '스다치 캐러멜 제품과 샌드웨하스' '흑사탕, 우메보시 사탕梅干飴41' '김초밥 아라레,42 풍선 아라레'다.

말 무서운 일이다. 애초에 "비애국적인 중국류의 악덕 분자"란 대체 누구를 말하는 거예요, 하고 곱게 자란 아가씨처럼 되묻고 싶을 정도지만, 아무튼 KGB도 깜짝 놀랄 만한 과자 업계에 의한 사회 숙청 선언일 것이다. 아니, 일개 과자 업계 전문지의 편집장을 이렇게까지 이상하게 했으니 전쟁이란 정말 무서운 것이 아닐 수 없다.

슬픈 싱글벙글 위문첩

후방 사람들이 전선의 군인을 격려하기 위해 만든 것이 '위문주머니'다. 물자가 있는 무렵에는 과자나 마른 식품, 훈도시[43] 등의 일용품을 넣었다. 백화점에는 통조림이나 화장지류에서부터 미인의 사진 등까지 '위문 용품'이라는 명목으로 상품화되었다고 하니 놀라울 뿐이다. 내지에 물자가 부족한 무렵에는 '위문주머니'에 넣을 것도 없어 편지, 작문, 수제 인형 등 비교적 비용이 들지 않는 것이 늘었다.

위문주머니에 뭘 넣을지 후방의 여성은 상당히 고민한 모양으로, 여성 잡지에는 거의 매호 '위문주머니' 매뉴얼이 게재되었다. 그리고 어린 소녀라고 해도 역시 후방의 중요한 담당자이며 어린이들의 수예나 작문은 군 당국에서도 강력하게 장려했다.

「싱글벙글 위문첩」,《소녀구락부》1944년 1월호.
수염이 덥수룩한 군인이 소녀와 실 전화를 하며
기쁜 듯이 웃고 있는 일러스트가 인상적이다.

이《소녀구락부》에 게재된 「싱
글벙글 위문첩」은 이른바 위문품
을 만들기 위한 사례집으로, 지
상誌上 만담(!)이나 콩트, 시시
한 익살, 유머에서부터 전선의
군인에게 읽히기 위한 작문의
본보기까지 상당히 살풍경한
'밝음'으로 넘치고 있다.

예컨대 '수수께끼'는 이렇다.

"이기기 위해 필요한, 소리 나는 통은 뭘까요?" (답 : 저금통)

"절대 패하지 않는 산은 어떤 산일까
요?" (답 : 가치카치야마かちかちやま[44])

"눈이 하나뿐인 너구리가 잠수함을 닮
았다는 건 뭘까요? (답 : 거북[45])

《소녀구락부》1944년 1월호 특집으로 소개된 마스코
트 인형 '우스타로' 만드는 법. 이 캐릭터는 이 잡지의
독창적인 단발 아이템으로 보인다.

또 있다.

'적측의 전과 발표'라고 말하고 '바늘 다섯 개'라고 해석한다. 그 의미는? '거짓말'.[46]

'동아東亞의 수호'라고 말하고 가가미모치鏡餅[47]라고 해석한다. 그 의미는? '하루하루 단단해질 뿐'.

점점 기분이 우울해졌다. 오른쪽에 든 수수께끼 그림(답 : 저희도 일하겠습니다[48])은 오열을 부르는 갸륵함이다.

수예 코너에는 '아기 인형' '우스타로白太郎'라는 마스코트 만드는 법도 실려 있다. 소녀들이 열심히 만든 수천 개의 '우스타로'가 전장에서 어떤 운명을 맞았을지, 그것을 생각하면 더욱 가슴이 아프다.

위문주머니와 함께 전장에 가서 아버지를 만나고 싶다는 철부지의 간절한 마음을 노래한 「위문주머니와 함께」. 《유년구락부》 1942년 8월호

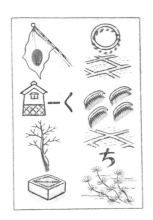

「싱글벙글 위문첩」에 있는 수수께끼 그림.

위문주머니는 백화점에서

전장의 군인에게 위문주머니를 보내려고 해도 담을 물건이 부족해진 전쟁 말기라면 몰라도, 아직 내지에 여유가 있던 중일전쟁에서 '대동아전쟁' 초기에 걸친 시기는 백화점에서 이미 만들어진 '위문주머니' 세트를 구입하는 사람들이 많았던 듯 각 백화점에서는 독창적인 위문주머니를 개발했다. 애국심에 불타는 부인들은 이미 만들어진 위문주머니를 부지런히 전장에 보냈던 모양이다.

제과 업계 전문지 《제과실험》 1937년 9월호는 전국의 유명 백화점에서 어떤 과자를 위문주머니에 담았는지 앙케트 조사를 했다.

미츠코시백화점(도쿄 니혼바시) : 얼음사탕 / 삶은 팥 통조림 /

『ホラ手を出しナ、日本の兵隊さんドロップを上げるぞ』
『多謝々々、日本兵隊さん大好きある』
○○兵隊本部にて

"자, 손을 내밀어봐. 일본의 드롭스를 주지." "시에시에, 시에시에(고맙습니다). 일본 군인, 정말 좋다해." 사진 설명에는 이렇게 쓰여 있다. 중국인이라고 하면 반드시 '~해' 어조라는 민족 스테레오타입이 등장하는 것은 정말 어떻게 좀 안 되나. 《제과실험》 1937년 9월호 권두 사진

드롭스

마츠자카야松坂屋(도쿄 우에노) : 마츠자카야 드롭스(깡통) / 연양갱

이세탄伊勢丹(도쿄 신주쿠) : 흑사탕 / 얼음사탕 / 아라레

난카이다카시마야南海高島屋(오사카 난바) : 깡통 좁쌀강정栗おこし / 깡통 후르츠드롭스 / 깡통 얼음사탕

한큐백화점(오사카 우메다) : 한큐 드롭스 / 메이지 드롭스 / 깡통 좁쌀강정

다마야백화점(후쿠오카시 히가시나카스) : 하카타 명과 다마니시키玉錦 사탕 / 초콜릿 양갱 / 모리나가 드롭스 / 얼음사탕

백화점에서 팔렸던 위문품 세트. 통조림 식품 이외에 '화장지' '천화분天花粉' '칠부채' '이쑤시개' '바둑돌' '군인 장갑' 등도 함께 넣었다. 가격은 1~2엔까지. 나고야 마츠자카야 1938년 8월의 카탈로그 『마츠자카야 뉴스』

어디나 비슷한 것이지만 좀 다른 것이 홋카이도의 노포 백화점 고반칸伍番館 (현재는 삿포로 세이부)이다. 특제 다시마 과자 '시리베시의 향기後志の香' / 홋카이도산 버터를 사용한 '버터 사탕' 등이다.

위문용 과자는 특히 병사들이 친숙함을 느낄 수 있도록 향토색을 살려 제작을 장려하고 있습니다.

이렇게 말하니 감동적이지 않을 수 없다.

아무튼 이런 위문주머니만 도착하면 완전히 충치가 생길 것 같지만, 사실 이 위문주머니는 북지北至[49] 현지 주민의 선무 공작에도 빈틈없이 이용되었던 모양이다. 전쟁과 과자, 그 관계에는 의외로 깊은 것이 있는 것 같다.

유한 부녀자를 징용하라

전시 정부 공보에 준하는 것으로 정보국이 편집하여 매주 간행한 《주보》의 권말 독자 투고란 「통풍탑」에는 대일본제국 정부가 골라낸 바보 같은 투서가 이때다 싶은 느낌으로 늘어서 있다. 관보官報보다 조금 나은 정도의 이 잡지는 당시의 정보국이 사람들에게 무엇을 요구하고, 무슨 말을 하게 하고 싶었는지를 파악하는 데 귀중한 자료다.

유한 부녀자를 징용하라

제일선에서는 연이은 결전으로 황군 장병은 피투성이의 전투를 계속하고 후방에서는 국민이 총력을 다해 싸우고 있는 오늘날, 항간에는 이래도 결전하의 국민인가 하고 의심하게 하는 유한 부녀자를 징용하여 국가의 필요한 부문에서 노동하게 하자. (다카

"파마의 시비를 논하지는 않습니다. 하지만 머리나 모양보다는 마음이 중요합니다. 시간과 돈을 국가에 바쳐야 후방의 꽃을 자랑할 수 있습니다." 《사진주보》 제251호, 1942년 12월 26일. 파마를 하는 여성들은 악인 취급을 받은 것 같다.

야마시, 조람생照嵐生)

—《주보》 1943년 1월 13일호

'부녀자'에게 쌍심지를 켜는 이 투고자와 해당 부녀자 사이에 '뭔가 있었던 게 아닐까' 하는 사적인 원한怨恨 같은 대의명분이 물씬 풍긴다.

여성의 설날 의상

신년을 축하하며 무운장구를 기원하는 선남선녀가 많은 것을 기뻐한다. 하지만 그 의상, 그 모습이 결전하의 시국을 인식하는 모습인가 하는 의문이 든다.

언제 공습이 있을지 모르는 이때, 그런 모습으로 과연 차분히

「여성의 전장」.–아이치현 도요타 자동차 공장에서 일하는 여성들.《부인공론婦人公論》1942년 4월호

정보국이 찍은 '유한 부녀자'.《사진주보》제251호, 1942년 12월 26일. 사진 설명에는 "이런 사람은 미국으로 가게 합시다"라고 되어 있다. 개전으로부터 1년, 역시 부유층은 엄연히 존재했다.

양동이를 들고 방화에 종사할 수 있을까. 그 일본 전통 머리로 방
독면을, 철모를 쓸 수나 있을까. (오사카, 한 향군鄕軍)

—《주보》1943년 1월 13일호

이 역시 부녀자 소재인데, 황국 히스테리가 심한 이웃의 아
저씨가 마음에 들지 않는 아가씨를 음습하게 비난하는 것 이
외에 아무것도 아니다. "그 일본 전통 머리로 방독면을, 철모
를 쓸 수나 있을까"라니, 정말이지 쓸데없는 간섭이다. 설날쯤
몸치장을 한다고 뭐가 나쁜가. 그러면서도 당신이 일본 남아
인가!

"당신의 화장은 너무 눈에 띄지 않습니까"

대일본부인회大日本婦人会의 아주머니들은 사람들의 생활에도 눈을 번뜩였다. 그녀들이 주목한 것은 거리를 걷는 여성의 화려한 복장이나 화장이었다. 1943년 8월 10일, 당시의 상공성商工省이 섬유제품 제조제한 규제를 제정하여 의복이나 천의 종류를 제한하고 소매가 긴 일본 옷이나 긴 오비帯 생산을 금지한다. 그 20일 후 대일본부인회는 매월 8일大詔奉載日을 '짧은 소매·몸뻬의 날'로 정하고 충실하게 국책에 따라 전국적인 긴소매 추방 운동을 시작한다.

토치카 공격법으로

대일본부인회 치바현 지부에서는 메가타目賀田 부지부장의 제안으로 긴소매 추방 운동에 황군의 토치카 공격법을 채택하여 효과를 거두고 있다. 이는 대부대가 선저형船底型 총진군을 개시하면 한두 명의 반대하는 구체제의 토치카 부인이 있어도 많은 사람들에게 밀려 거리를 걸을 수 없게 되고, 그러면 아무런 어려움도 없이 그들을 함락하게 되는 방법이다.

—《일본부인》 1943년 9월호

가두에서의 긴 소매 추방 운동. 사진 설명에는 "왜 긴 소매를 자르지 않는가, 대일본부인회 도쿄도 지부장 도쿠가와 아키코德川彰子 부인 이하의 이사들, 결국 기다림에 지쳐 31일 긴자에 나가 그물 운동을 시작했다"고 쓰여 있다. 《요미우리 사진판》 1943년 8월 31일자.

많은 아주머니들이 거리를 행진하다 긴소매의 여자를 발견하면 닥치는 대로 공격한다는 가공할 만한 작전이다. 실제로 가위를 들고 길거리에 서서 긴소매를 모조리 잘랐다는 증언도 있다. '긴소매'에 대한 원한은 무시무시하다. 패색이 짙어진 1944년이 되어도 이 운동은 쇠하지 않고, 이번에는 '생활의 결전화'라는 표어로 화장·머리 모양에까지 활동 범위를 넓혀간다.

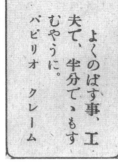
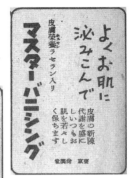

《부인구락부》에 게재된 전시 중 최후의 화장품 광고. 오른쪽에서부터 '마스터 배니싱' '파필리오 크림' '레lait 크림'

종이 탄환으로 결전 생활에

대일본부인회 야마카타시 지부에서는 대조봉재일인 7월 8일 회원이 시내 아홉 곳으로 출동한다. 통행자에게 "당신의 화장은 너무 눈에 띄지 않습니까?" "머리는 좀 더 간단히 할 수 없습니까?" "검소한 복장을 입읍시다" 등을 적은 종이 탄환을 건네며 효과를 거두었다.

—《일본부인》 1943년 9월호

쓸데없는 간섭 파워가 만발했다. 화장이나 머리 모양을 수수하게 한다고 전쟁에 이길 수 있는 게 아니라는 것은 아주머니들도 잘 알고 있다. 그보다는 사회의 '결전 생활화'에 대해 왠지 모르게 패션으로 반항하고 있는 여성들을 공갈하여 국책 앞에 굴종시키기 위한 시위에 중점을 두었을 것이다. 이런 아주머니들의 모습을 보고 있으면 반사적으로 '학교 정문 앞에서 죽도를 들고 운동복 차림으로 서 있던 생활부 담당 선생'이 떠오르는데, 그들은 대일본부인회 아주머니의 후예일지도 모른다.

생식 결전에도 감연히 궐기!

대일본부인회의 아주머니들에 의한 아래로부터의 전쟁 협력은 후방의 위문·근로 동원에서 시작하여 종국에는 각 개인의 생식 행위를 국가에 바치는 데까지 이르렀다.

적령기 미혼자 일소에

대일본부인회 츠치우라土浦 지부에서는 6월 21일 이사회를 개최하여 전쟁 생활의 철저, 탄환 수표[50]의 소화 등을 협의한 외에 결혼 위원 30명을 위촉하게 되고, 방면위원方面委員[51]과 적극적으로 협력하여 25세 이상의 남자와 23세 이상의 여자 미혼자를 일소하게 되었다.

—《일본부인》1943년 9월호

'빛나는 자식 일본 최고'로 뽑힌 홋카이도 기타미北見의 도미나가 린지富永林治(45) 씨와 사가미サガミ(44) 씨. 자식은 10남 4녀로 총 14명이었다.

  미혼자를 인위적으로 '일소'한다니, 정말 굉장한 것을 생각
해냈다. 근처의 혼담을 좋아하는 아주머니들이 국책을 대의명
분으로 삼아 이때다 싶어 총궐기한 것이리라. 이런 아주머니의
독이빨에 걸리는 것은 정말 질색이다.

미혼자 대장 臺帳으로 결혼 소집에 응함

  대일본부인회 마츠모토 지부에서는 마츠모토시의 방면위원과
협력하여 승리를 위한 인구 증가에, 결혼도 소집에 응하는 마음
으로 하라며 대대적으로 알선하게 되었다. 그 방법은 전 시의 각

구마다 미혼자 대장을 갖춰놓고 구내의 적령기 미혼자는 모조리 '결혼으로 총진군'시키지 않으면 안 된다는 기세로, 이 대장의 정비를 위해 현재 마츠모토시 대일본부인회 회원이 힘껏 노력하고 있다.

—《일본부인》1943년 6월호

결혼이란 소집 영장이 나오는 것 같은 일이라고, 누가 그런 그럴싸한 말을 하라고 했나? '결혼으로 총진군'이라는 무시무시한 대공세로 대일본부인회 회원 아주머니가 밤마다 부부생활을 자세히 점검할 것 같아 두렵다.

당시의 여성 잡지에는 성대하게 '아이로 국가에 봉공' 등의 슬로건이 날뛰고 "일곱 명의 아들을 모두 황군 장병으로 키워낸 어머니" "다섯 명의 아이를 모조리 해군 군인으로 키워낸 어머니"가 일본 여성의 본보기로서 치켜세워졌다.

불임 회원을 무료 진찰

대일본부인회 야마가타현 지부에서는 결혼한 지 3년이 되어서도 아직 아이가 없는 회원을 모아 강연회를 개최하고 진찰권을 교부하여 진료함으로써 인적 자원 증강에 힘쓰고 있다.

—《일본부인》1943년 9월호

「독수리 아내, 독수리 아이」. 독수리는 그림에 보이지 않는 비행기 조종사인 아버지를 가리킨다. 아들들도 언젠가 아버지와 마찬가지로 독수리가 되라고 어머니가 가르쳐주고 있는 장면이다. 《부인구락부》 1940년 10월호

총력전 체제하에서 여성은 황군 병사를 제조하기 위한 '아이 낳는 기계'로 자리매김되었기 때문에 결혼한 지 3년이 되어도 아이가 없는 것은 범죄로 여겨졌을 것이다. 어쩌면 부부 화합의 실전 지도까지 자상하게 했을지도 모른다.

칼럼 척남숙의 특별 강의

국립공문서관에 '척남숙拓南塾'를 관할하고 있던 척무성 척무차관이 육군차관에게 보낸 「척남숙 특별 강의 의뢰에 관한 건」이라는 문서가 보관되어 있다. 육군에 강사 파견을 의뢰했던 것이다. 이 특별 강의는 격주 금요일 오전 10시에서 12시까지 두 시간이 할해되었던 모양이다. 척남숙을 창설한 지 2년째 특별 강의의 내용은 다음과 같은 것이었다.

5월 9일 남태평양 제도 사정—참모본부 도요후쿠豊福 대령

5월 16일 1. 네덜란드령 동인도 병요지지兵要地志 및 군정軍情
　　　　　 2. 간사이 지역 근무의 의의 및 근무자에게 필요한 능력—참모본부 도요후쿠 대령

5월 23일 필리핀 사정 및 정보 근무—참모본부 야노矢野 소령

5월 30일 미국 사정—참모본부 야노 소령

6월 6일 남양 대륙계의 지지地誌 개요—참모본부 데지마手島 중령

6월 13일 미영의 합작에 의한 대일對日 포위 태세—참모본부 데지마 중령

6월 20일 유럽 정보—참모본부 요코야마橫山 소령

6월 27일 소련 사정—참모본부 하야시林 중령

9월 12일 전全 중국 사정—참모본부 다카자와高澤 소령

7월 11일·18일 방첩에 관한 사항—육군성 오모리大森 소령

9월 5일·19일 선전에 관한 사항—참모본부 후지와라藤原 대위

8월 15일·22일 모략에 관한 사항—참모본부 야베矢部 중령

척남숙의 강의 풍경. 사진 「누마즈沼津 임해 훈련에서의 미야자키宮崎 교관의 강의」, 『척남숙사拓南塾史』, 척남숙사간행위원회, 1978

　'척남숙'라는 이름만 보면 어쩐지 개척 농민 양성소 같은 이미지지만, 특별 강의의 내용만 보면 거의 정보원 양성 강좌나 다름없다. 특히 '모략에 관한 사항' 같은 것은 너무 어설프다. 개척 농민은 동시에 현지인 속에 융화된 첩보원으로서의 역할을 담당했을 것이다. 실제로 척남숙을 졸업한 후 버마 군 정부 근무를 거쳐 인도·버마의 독립 공작을 했던 '광기관光機関[52]'에 배속된 사람의 수기도 인터넷에 공개되어 있다.

　전후 이 '척남숙'에 대해서는 동창생이 "(케네디 대통령이 제창한 것과 같은) 개척을 위한 평화 부대"였던 것처럼 말하는 회상록을 출판했다. 그런데 미국의 '평화 부대'가 그랬던 것과 마찬가지로 척남숙 역시 모략·선전을 포함한 능력을 습득한 식민지 지배의 첨병을 양성하는 기관이었던 것이다.

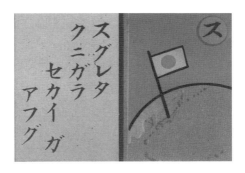

スグレタ
クニガラ
セカイガ
アフグ

ス

제6부

언령의 전쟁

역시 일본은 신의 나라

대일본웅변회강담사의 종합지《현대現代》1944년 6월호에는 그 제목도 거침없는 「신국 일본 좌담회」라는 기획 기사가 게재되었다. 출석자는 구라노 켄지倉野憲司, 니이미 타다유키新美忠之, 다카하시 슌高橋峻, 사토 키요지佐藤喜代治, 이렇게 네 명이다. 신주神主 양성 대학으로 유명한 신궁황학관神宮皇學館 대학(당시)의 교수나 조교수들이다.

좌담회의 초반부터 "미영 사상에서 탈각하기 위해서는 미영적인 말에서도 탈각해야 합니다"라고 말한다.

니이미 : '일곱 개의 바다七つの海'라는 말이 있습니다. 이런 말은 여전히 번역이지요. 아마 럭키 세븐 등으로 사용하는 '일곱'을 바다에 결부시켜 미영인이 사용한 말일 겁니다. 그런 말을 아무렇

「신국 일본」 좌담회 특집으로 실린
종합잡지 《현대》 1944년 6월호

지 않게 번역어로 써서 국민 사이에 보급시킨다거나(……), 그런 것으로 정말 일본 국민을 지도하는 일이 가능할 리가 없지요.

구라노 : 전적으로 동감입니다.

'일곱 개의 바다'가 정말 '럭키 세븐'에서 온 것인지에 대해서는 전혀 흥미가 없지만, 상당히 고양된 어처구니없는 발언이 폭발하는 대회가 되었다.

좌담회에서는 구라노 교수가 "신국이라는 것의 진정한 의미가 어디에 있는가 하는 것을 여기서 일단 검토해볼 필요가 있다고 생각합니다"라는 문제 제기를 하자, 그것을 받아 각자 멋대로 '신국의 의미'를 말하기 시작한다.

사토 조교수는 입을 열자마자 이렇게 말한다.

신국이란 무엇인가를 논리적으로 생각해내는 것도 하나의 학문이라고 생각하는데 (……) 오히려 신국의 통절한 분위기에 젖어드는 것이 우리에게는 제일 중요한 문제가 아닐까요.

놀랍게도 '신의 나라'라는 게 분위기였다는 말인가! 이에 대해 다카하시 조 교수는 양식을 확 벗어던지고 사내다움을 보여주었다.

신이라고 하면 역시 진무神武 천황 같은 거인이 아이콘으로서 선호된 모양이다. 『시국대사진첩』,《강담사구락부》1940년 신년호 부록, 대일본웅변회강담사

아마 미치광이 취급을 당할 거라고 생각합니다만(……), 여우든, 천둥이든, 뱀이든 신으로 인정하고 믿지 않으면 외국인도 일본이 신국이라는 사실을 인정하지 않을 겁니다. 중국 책에 쓰여 있는 것처럼 일본인은 묘한 것을 믿는다고 하지만, 그만한 배짱도 없이 외국인에게 인정하게 할 수는 없지요.

대단하! 이 정도로 단언하지 않으면 '신의 나라'라는 느낌이 들지 않는다. 하지만 20세기가 되어서도 아직 애니미즘에 지배되고 있는 국가는 역시 꼴사납다. 게다가 신이라는 게 여우나 뱀이라니.

사이판 옥쇄…… '그것은 유쾌한 일이다'

1944년 7월, 사이판 섬을 수비하고 있던 약 3,000명의 일본 군은 '만세 돌격'을 감행하고 옥쇄했다. 남겨진 일본인 주민들은 북부의 벼랑에서 몸을 던져 자결하여 해수면을 피로 물들였다고 한다. 놀랍게도 이 비극을 "유쾌한 일이다"라며 기뻐한 사람이 있었다. 이 무슨 귀축鬼畜인가 했더니 다름 아닌 바로 우익의 거두 도야마 미츠루頭山滿(1855~1944)였다.

당시 최고로 어처구니없는 종합지 《공론公論》 10월호에 이런 인터뷰가 실렸다.

기자 : 사이판의 전원 전사 문제에 대해 선생님께서는 "유쾌한 일이다"라고 말씀하셨는데, 집 안에 있는 사람에게 산벚나무 묵화를 걸게 하고 한동안 들여다보셨다고 들었습니다.

여기서 이미 '뭐라고!' 하며 놀라지만, 이를 받아 도야마 씨는 이렇게 말한다.

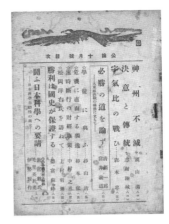

도야마 : 이건 수족민獸族民 (미국을 말하나?)이니까 몹시 잔인한 짓을 하는 건 그들의 본성을 발휘하는 것입니다. 남김없이 하면 됩니다. 그런 거니까 결국 참혹한 일을 당하는 거라고 하면 되는 겁니

《공론》 1944년 10월호(제일공론사第一公論社 발행)의 차례. 도야마의 인터뷰 기사 「신슈 불멸」을 필두로 결의와 기백으로 흘러넘친(웃음) 기사들이 늘어서 있다.

다. 이쪽에게 아무리 참혹한 일을 당하게 하든, 죽이려고 하든 항복한 사람이 하나도 없었다는 것이 더할 나위 없는 기쁨이고 무엇보다 유쾌한 일입니다. 도道를 위해 살고 도를 위해 죽는 것이지요. 충에 죽고 효에 죽는 것은 신하의 큰 법칙입니다. 이만한 기쁨도 없지요. 거기에 위대한 장래가 있는 것입니다.

요컨대 황국신민은 충효의 도를 위해 기꺼이 죽어야 한다는 것이다. 군인·주민 모두 전멸한 비참한 집단 자결을 '유쾌'나 '기쁨'으로 감각하니, 역시 도야마는 보통 사람이 아니라는 것을 느낀다. 그러나 아무리 생각해도 일반 독자는 상당히 썰렁

"우리의 피를 바치겠습니다. 적을 공격하는 생산에 전 생명을 내던지겠습니다. 새끼손가락에서 떨어지는 붉은 피가 일본의 모든 여성의 결의를 말해주고 있습니다. −혈판血判을 찍어 필승 생산을 맹세하는 도쿄 스가바쓰場제작소의 진충盡忠 돌격대원."
사이판 옥쇄에 응해 다양한 직장에서 총궐기 집회를 했는데, 혈판장을 만든 무시무시한 광신적인 직장도 있었다. 아울러 도쿄 스가바제작소는 자동차나 항공기 등의 부품 제조사로 현재의 '가야바공업주식회사'다.

해졌을 테지만, 이런 담론이 아무렇지 않게 지나갈 만큼 일본 사회는 정상이 아닌 상태였다.

이 인터뷰로부터 한 달 후인 1944년 10월 5일, 도야마는 고텐바御殿場의 산장에서 세상을 떠났다. 향년 90세였다.

이 인터뷰의 제목은 「신슈神州[53] 불멸」이었지만, 도야마가 말하는 대로 했다면 '일본인'은 사라졌을 것이다. 역시 "죽여라, 라고 명령하는 자를 죽여라!"(하니야 유타카埴谷雄高)라고 말하고 싶다.

야스쿠니신사의 '구적격양 필승 기원제'

'대동아전쟁' 기간 중에 불교·신도神道·그리스도교를 불문하고, 옛날에 원나라 군사가 일본을 공격하던 무렵의 고사故事에서 배운 건지 거의 전 종파·교단이 '필승 기원제'를 거행했다. 1939년에 성립한 '종교단체법'에 의해 전시 통제하에 놓인 종교 단체는 1940년에는 국가권력에 의해 정리되고 통합된 후 부랴부랴 종교익찬회를 결성했다. 그것은 1944년에는 문부대신이 회장을 역임한 '대일본 전시 종교보국회'로 발전하여 '황도 종교'의 확립을 내세우며 적극적으로 전쟁 수행 익찬운동翼贊運動의 일익을 담당했다.

지금 보면 신의 가호로 근대 전쟁에 이기자는 등의 소리는 머리의 나사가 몇 개 빠졌다고밖에 볼 수 없지만, 일본 종교가들의 영력이 이제 상당히 쇠한 모양인지 결국 가미카제神風가

야스쿠니신사에 봉납된 거대한 '진충 보국북'을 치는 소년. 이 북은 '전국 청소년단이 1전씩 갹출하여 제작, 최근에 야스쿠니신사에 봉납한 큰북'이라는 것인데, 전후 어디로 갔는지 여기저기를 찾아봤지만 발견되지 않았다. 야스쿠니신사 어딘가에 있는 것일까?
《사진주보》 제363호, 1945년 3월 14일

부는 일은 없었다.

패색이 짙은 1945년 5월, 칙령 제284호에 의해 야스쿠니신사에서 '구적격양 필승 기원제寇敵擊攘必勝祈願祭'가 거행되었다. 유감스럽지만 그 자료는 거의 남아 있지 않고,『야스쿠니신사 약년표靖国神社略年表』(야스쿠니신사 사무소, 1973)에 아래와 같이 단 한 줄이 발견된다.

1945년 5월 9일 구적격양 필승 기원제 집행, 16일까지.

'구적격양 필승 기원제'라는 묘하게 용맹스러운 이름인 만큼 어떤 기원을 했는지 무척 궁금하다.『야스쿠니신사 약년표』가 유일하게 그 내용을 다루고 있는 것은 1944년 8월의 '미영 격멸 필승의 기원 행사'뿐이다.

1944년 8월 21일 미영 격멸 필승의 기원 행사를 거행하고 31일에 종료한다. 직원은 저녁 8시부터 하얀 옷, 하카마[54] 복장으로 오하라에노코토바大祓詞[55]를 봉송하며 배전拜殿 회랑을 돌아 저녁 9시에 종료(저녁 행사), 이어서 이튿날 아침 4시부터 정의淨衣 복장으로 역시 오하라에노코토바를 봉송하며 본전 회랑을 돌고 한 시간 만에 종료(아침 행사).

뭐야, 조석으로 겨우 한 시간씩인 거야. 좀 더 오싹한 주술적 전쟁을 상상하고 있었기에 약간 실망했다. 아울러 야스쿠니에서는 1944년 10월 4~11일, 11월 7~9일, 12월 7~12일, 12월 27일~이듬해 1월 9일까지 여러 번에 걸쳐 귀축미영에 저주를 걸었던 듯하다. 그 기도가 조금은 도움이 되었나 싶었는데 '구적격양 필승 기원제'가 끝나고 일주일 후인 1945년 5월 25일 야스쿠니신사는 공습을 받아 유슈칸 내부와 창고가 전소하는 등의 피해를 입었다. '남을 물에 넣으려면 자기가 먼저 물에 들어간다'는 것이 바로 이것이다.

야스쿠니신사에 참배하며 '우리들 야스쿠니의 영령에게 총궐기를' 맹세한 대일본부인회의 후쿠오카현·야마구치현·미야기현의 세 지부장.《일본부인》1944년 2월호

기담!『싸우는 신국』

1945년 8월의 패전까지 신사신도神社神道는 국교 취급을 받아(이른바 '국가신도') 내무성 신사국(1940년에 신사원神社院으로 개편)이 관할했다. 신관은 국가에 의해 임명되어 관리로 대우받았지만 급료는 각각의 신사 경비에 의해 조달되었기 때문에 '근무처'인 신사의 대소에 따라 소득에 현격한 차이가 발생해 극빈에 허덕이는 신주神主도 많았던 듯하다.

그건 그렇고, 이 신사원은 '대동아전쟁'하에서 '신사를 둘러싼 다소 괜찮은 군국 미담'을 각지의 신관으로부터 독자적으로 수집하여 더더욱 전의를 고양하기 위한 미담집을 만들었다. 그것이 바로『싸우는 신국』(신사원 엮음, 일본청년교육회출판부, 1943)이다.

첫머리부터 깜짝 놀라게 되는 것은, '신사의 부적이 탄환으

『싸우는 신국』

로부터 보호해주었다'는 식의 전설을 체험담이라는 체제로 늘어놓은 부분이다.

- 여학생이 보낸 부적을 늘 몸에 지니고 있어서 적탄을 막아주었다.
- 격침되어 해상을 떠돌던 때 반드시 생환할 거라고 확신하게 해준 것이 이즈모出雲신사의 부적이었다.

어디선가 들어본 적이 있는 듯한 이런 부적 체험담으로 시작한다.

발행처와 발행연도를 알 수 없는 그림엽서. '진무 천황을 모시는 간페이다이샤官幣大社, 미야자키신궁에 참배하는 여학생들'이라고 설명되어 있다. 세일러복을 입은 소녀들이 일제히 머리를 숙이는 대단한 광경이기는 하다.

- 전장에서 티푸스에 걸려 고열에 시달릴 때 꿈에 가스가다이샤春日大社를 보았다. 그래서 병이 나았다며 감사 편지와 신찬神饌을 보낸 육군 중령.

- 헤이안平安신궁을 향해 안전을 기원하고 나서 출발한 덕분에 포탄이 맹렬하게 쏟아졌으나 한 발도 명중하지 않았고 또 어뢰도 모두 군함을 비켜갔다며 함장 대리로서 감사하러 온 해군 장교.

그리고 '아무리 믿으려고 해도 믿을 수 없는' 이런 이야기가 잔뜩 실려 있어 영적인 전쟁인 '대동아전쟁'의 본질을 떠올리게 한다면 흥미롭기는 하다.

이 책의 말미는 다음과 같이 매듭지어져 있다.

생사를 초월하여 여유롭고 유구한 대의에 살고, 죽어 신이 되어 더더욱 황실 국가를 위해 진력한다는 생사관이야말로 신국 일본 특유의 것이다. (……) 나라를 지켜주는 신들과 함께 영원히 살아 군국에 보답하는 것이 바라는 바다.

이리하여 '싸우는 신국'이란, 죽은 자들에 의해 영원히 보호되는 나라를 말하는 것이었다.

전시 '살생계'의 행방

『입신보국』

정토진종淨土眞宗 계열의 출판사였던 흥교서원興教書院이 전시에 낸 〈전시 포교 문고〉 제1권이 『입신보국立信報國』 (1937)이다. 정토진종계 각 파의 전쟁 협력에 대해서는 이미 다양한 연구 문헌이 나와 있지만, 역시 진짜를 보지 않으면 당시의 '분위기'가 보이지 않는다는 것이 범부의 슬픔이다.

이 책의 백미는 권두 논문 「불교와 전쟁」(사사키 켄토쿠佐々木憲德)인데, 불교에는 살생계라는 대원칙이 있음에도 중일전쟁에 적극적으로 협력했던 교단의 입장을 중이 아니면 할 수 없는 억지를 구사하여 종횡무진 논하는 것이 흥미롭다.

살생계라고 하여 남의 생명을 빼앗지 말라는 계율 같은 것은, 직접 문제가 되고 있는 이번 전쟁과 관계가 있게 된다. 살생계를 지키며 남의 생명을 빼앗지 않으면 그것은 전쟁이 불가능해지고 국가의 일원으로서 굉장히 곤혹스럽게 될 것이다.

　별로 곤혹스러워하지 말고 석가모니의 가르침만 잘 지키면 된다.

　사사키 켄토쿠는 전쟁을 '절복折伏[56]'이라고 말한다. 전쟁이란 항상 정의와 악이 싸우는 것이고 정의가 악을 절복하는 과정이라고 생각해야 한다고 말한 듯하다.

　　전쟁 같은 것도 정의의 전쟁은 실로 절복역화折伏逆化의 심술心術 방법에 의해 행하는 것이고, 잔학무도하고 난폭한 적국에 대대적인 응징의 철퇴를 내려 반성하고 자각하게 함으로써 정의의 대도에 복귀하게 하는 목적밖에 없다.

　즉, 상대가 '잔악무도하고 난폭'하기 때문에 우리 쪽의 '철퇴'는 정의가 된다는 논리다. 그러나 아무리 정의의 전쟁이라고 해도 사람은 죽는다. 사람을 죽여야 한다. 자, 어떻게 할 것인가.

　물론 전쟁은 사람이 죽고, 돈이 들며, 쉽지 않은 대사이긴 하다. 하지만 전쟁을 하지 않으면 세계에서 정의가 무너지고 정도正道가 매몰되기 때문에 무슨 일이 있어도 보살의 수행으로부터도 정의를 지키고 정도를 보호하기 위해 총검을 들고 잔악무도한 마군魔軍을 섬멸해야 하는 것이다.

　요컨대 '정의를 지키기' 위해서라면 사람을 죽여도 된다고 명쾌하게 인정하는 것이다. 전쟁을 하는 어느 한쪽이 반드시

종파는 다르지만 승려도 군사 훈련을 했다. 히에이잔比叡山 엔랴쿠지延曆寺 학승들의 교련 모습. 《사진주보》 편집부는 「전투모의 승병」이라는 재미있는 제목을 붙였다.
《사진주보》 제198호, 1941년 12월 10일

정의롭다는 세계관은 극히 심플하고 유아적이다. 게다가 자신 쪽이 늘 정의라고 믿고 있기 때문에 사사키는 '정토진종판 자이언Gian[57]'이라고 할 수밖에 없다. 신란親鸞이 듣는다면 틀림없이 눈물을 주르륵 흘릴 것이다.

광신적인 전쟁과 황국 부도

전시 최후의 《주부지우》 1945년 7월호. 이미 인쇄소를 공습으로 잃고 시즈오카의 신문사 활자와 인쇄기를 빌려 인쇄했다.

패전 한 달 전인 1945년 7월, 《주부지우》는 그야말로 광기라고 할 수밖에 없는 무시무시한 특집을 꾸몄다. 제목은 「승리의 특공 생활」이었다. 왜 '특공'이 승리인 거야, 그게 뭐냐고, 하는 느낌이다.

물자가 부족할 때라 총 30쪽('대동아전쟁' 돌입 전인 1940년 12월호는 328쪽)이었다. 애국 미인의 미소를 컬러로 인쇄했던 표지는 펜으로 그린 듯한 흑백이 되었고, 표지도 본문도 같은 갱지로 바뀌었다. 특집 제목만 허세를 쥐어짜낸 듯하다.

내용은 여기에 인용한 미야기 타마요宮城夕マ크(1892~1960)의 「적의 본토 상륙과 여성의 각오」를 필두로,

「황국과 함께 고난을 돌파하여」

「이겨내는 방공호 생활」

「초토 텃밭 안내」

등의 제목만 봐도 '넌 이미 졌어'다. 완전히 궁지에 몰린 기색인 것이다.

> 적의 본토 상륙, 본토 결전은 지리적인 면에서도, 병사의 수에서도 우리가 결코 불리하지 않습니다. (……) 일억이 한 사람도 빠짐없이 충성의 결정結晶이 되고 남녀 혼성의 특공 부대가 되어 감연히 싸운다면 황국의 필승은 결코 의심할 바 없습니다.

아니, 본토 결전이 더 유리하다니 그럴 리 없을 것이다. 그렇다면 본토 결전을 하면 되지 않느냐고 따지고 싶기도 하다. '일억 총 특공'으로 황국이 이긴다고 해도 거기에는 무인의 초토가 남겨질 뿐일 것이다.

> 대의에 철저하면 불 속, 탄환 속도 아랑곳하지 않는 헌신의 덕은 조국肇國 이래 일본의 부도婦道입니다.

이렇게 대충 비인간적인 '헌신'을 칭송한 미야기가 1947년

도쿄음악학교 여학생들의 총검술 훈련. 배속 장교로 여겨지는 인물과 마주한 사람은 선생님일까. 《요미우리 사진판》 1943년 7월 12일자

에는 시치미를 떼고 전후 첫 여성 참의원이 된 데는 놀라지 않을 수 없다.

후방에서 여성의 전쟁 협력을 추진한 '일본 부도' 이데올로기 체현자로서의 심성을 그녀는 과연 반성했을까. 1949년 '동물 학대 방지 법안' 만들기에 진력한 모양인데, 전시 총 특공을 호소해 인간 학대에 일익을 담당했던 자신의 과거를 묻는 일은 없었던 것 같다.

혼의 행방 — '정토' 대 '야스쿠니'

중일전쟁이 수렁에 빠져들어 전사자가 늘고 동시에 야스쿠니신사에 '영령'으로 모셔지는 사람이 늘어가자 기존 종교계에는 여러 가지로 곤란한 일이 일어났다. 그 하나가 야스쿠니신사에 모셔진 사람들의 '혼의 행방'이다.

정토진종 오타니파大谷派 불교학자였던 야마베 슈가쿠山邊習学(1882~1944)는 그의 저서 『불교와 신체제』에서 이 문제를 다루며 일부러 '야스쿠니신사의 한 종교성'이라는 대목을 두어 다음과 같이 말했다.

오늘날 새롭게 문제가 되고 있는 것은 야스쿠니신사에 모셔진 사람들의 혼의 행방에 대해서다. (……) 특히 정토교의 영향을 받고 있는 사람들은 신앙을 얻으면 극락에 갈 수 있겠지만 신앙이

없으면 악도惡道로 가지 않으면 안 된다는 가르침을 오랫동안 받아왔다. 하지만 이번에 자기 일신상의 이해를 완전히 떠나 국가를 위해 일신을 바치고 그것이 국가의 공로자로서 과분하게도 천황 폐하의 참배를 받을 정도의 상황이 된 자는 설령 신앙이 없어도 나쁜 곳으로 갈 리가 없다고 하는 것이 불교 신앙에 새롭게 일어난 한 문제다.

다시 말해 야스쿠니 시스템의 성립에 의해 전쟁에서 사람을 죽인 인간이 전사해도 '악도'(지옥도, 아귀도, 축생도)에 가지 않아도 되게 되었다. 이는 불교의 교양에서 보면 모순이 아닌가 하는 의문이 당시 각지에서 속출했던 모양이다.

어떤 사람은 '영령'이라도 수라로 떨어진다고 말하고 또 어떤 사람은 정의를 위해 싸운 사람의 혼이니 정토로 가서 부처가 되었을 거라고 말한다. 전자를 인정하면 당시의 전쟁 자체를 '악'으로 규정하게 되고, 후자를 인정하면 신심 없는 극락왕

1942년 2월 25일에 거행된 '대동아전쟁 전몰자 위령제'. 이른바 '신식神式', 즉 신도식의 장의葬儀 형식으로 이루어진 모습이다. 장소는 도쿄 히비야공회당이었다.

생을 인정하게 되어 교리가 근저에서부터 뒤집힌다. 이는 대단히 곤란한 사태였을 것이다.

그래서 야마베는 옴진리교도 그 교양의 기초로 삼은 『반야리취경般若理趣經』까지 끌어내 '전사'는 정토로 가는 길이라고 역설한다.

> 나라를 위해 자신을 버리고 일신을 바친 분들은 마치 보살처럼 이타의 행에 부지런히 힘썼기 때문에 여래는 분명히 구제의 손을 내밀어줄 것이라 믿으니 조금도 불안하지 않다.

그러므로 '혼의 행방' 같은 건 신경 쓰지 말라는 것이 결론이다. 전사자의 혼은 여전히 행방불명인 채다.

'충령공장'론의 암흑

전사자의 공장公葬은 단호히 신도식으로 해야 한다, 불교식 같은 건 무엄하다, 라고 핏대를 올리며 절규한 사람들이 있었다. 이것이 이른바 '총령공장忠靈公葬'론이다. 1934년에 이루어진 일본해 해전의 명장 도고 헤이하치로東鄕平八郞의 국장國葬을 계기로 일기 시작해 '대동아전쟁'하인 1942년에서 1944년에 걸쳐 이 운동은 절정에 달했다.

당시 신관은 1940년 1월 24일에 발포된 내무성 통달 '신관은 교도직敎導職의 겸보兼補를 없애고 장의에 관계하지 못하게 한다'에 의해 장의에 관여하는 것이 금지되었다(다만 부현附縣 신사 이외의 신관은 당분간 종래대로 하게 되었다). 초기의 '충령공장' 운동은 내무성 통달의 폐지를 노린 신도인神道人이 중심적인 담당자였지만 곧 초국가주의 우익이나 천황 신앙자

1942년 4월 8일, 하와이 진주만을 특수 잠항정으로 공격하러 나섰다가 돌아오지 않은 '아홉 군신'의 합동 해군장이 열렸다. 이때는 '신도식'이고, 식장은 히비야공원이었다.

등 어떻게 할 도리가 없는 사람들을 끌어넣어 어처구니없는 운동으로 발전했다.

1943년 내무성 경보국 보안과가 작성한 문서 '영령 공장 문제'(국립공문서관 소장)에 따르면 그 중심적인 단체로서 '제정일치 익찬교회, 황국동지회, 근황마코토무스비勤皇まことむすび, 아시카비료葦牙寮, 대동숙大東塾' 등 전시 극우 단체가 늘어서 있다. 활동도 화려해서 1942년에서 1943년 연초에 걸쳐 이따금 회합을 열고 중의원·귀족원에 청원을 하거나 관계 방면에 건

1943년 9월 12일, '하늘의 군신' 가토 타케오加藤健夫 소장의 육군장이 도쿄 츠키지築地 혼간지本願寺에서 열렸다. 이때는 '불교식'이었다. 이것이 '충령공장'론자들을 아프게 자극하여 운동을 일거에 고조시켰다.

백서를 보냈을 뿐 아니라 '공장식公葬式'인 새로운 장례식 식순을 고안하거나 그들에게 반발하는 대일본불교회와 격렬한 이데올로기 투쟁을 전개하는 등 아주 바빴던 모양이다.

그들의 주장에 따르면 전사자가 야스쿠니신사에 모셔지면 호국의 신으로서 영원히 '사는 것'이 가능한 듯하다. 그러므로 장례식은 '야스쿠니 제사' '국례국식國禮國式'으로 하라는 주장이었던 것 같다. 객관적으로 보면 전사자의 영혼에 대한 독점적 점유권을 국가와 야스쿠니에 주라고 말하는 것이나 다름없는 주장이고, 유족의 생각과는 전혀 관계없는 논리다. 전후에 순직 자위관自衛官을 대우회隊友会가 호국 신사에 합사를 신청한 것은 위헌이라고 소송을 한 유족이 대법원에서 패소한 유명한 재판이 있지만, 이런 판결의 저류에는 '영령은 국가의 것'이라는 야스쿠니 시스템이 낳은 오만한 논리의 냄새가 물씬 풍긴다.

극락정토로 가는 자는 국적이다

'충령공장忠靈公葬'론자의 사상이 더욱 확실하게 드러나는 것은 그들에게 반대한 불교계에 대한 비판에서다. '충령공장'론의 급선봉이던 대동숙大東塾의 가게야마 마사하루影山正治는 이렇게 썼다.

1. 성직봉공을 위한 전사는 생명 봉환이다. 과분하게 생각하며 천황 옆에서 죽는 것이다. 또한 죽어서 충령은 천황 옆에 모셔지고, 그럼으로써 무한히 황운을 지켜드리는 것이다.

만약 그 영을 아미타불에 맡겨 서방 십만억토로 보내고 석가모니에게 맡겨 피안 극락으로 보내는 일이 있다면 충사忠死에 대한 근본적인 부정이고 충령에 대한 치명적인 모독이다. 육체의 생명은 지존至尊에 바치지만 영혼의 생명을 천황의 후계자 이외에 바

치는 것은 충절이기는커녕 지독한 국체 반역의 대죄다. 이런 상대적인 충은 반드시 부정되어야 한다. 그래서는 결코 '천황 폐하 만세'가 되지 않는다. 즉 '천황기관설'의 극치인 것이다.

　—「육군장 재론」, 『충령신장론』,
대동숙출판부, 1944

가게야마 마사하루, 『충령신장론』　　'생명 봉환'이라는 구절에 진심으로 경악했다. 이 글이 흥미로운 것은 가게야마가 사후 영혼의 존재와 극락정토의 실체를 진지하게 믿었고, 전사한 영혼의 행선지가 궁금해서 견딜 수 없어 하는 점이다. '영령'이 극락정토에 가버리면 천황에게 '생명 봉환'이 불가능하지 않느냐는 것이다. 일단 '영령'이 되었다면 "죽어서 충령은 천황 옆에 모셔지고, 그럼으로써 무한히 황운을 지켜"야 한다는 것은 '충령공장'론자에게 공통되는 이데올리기로, '극락행 금지'인 것이라 죽고 나서도 '영령'은 아주 바쁘다. 이래서는 황국신민은 섣불리 죽지도 못한다.

　군 당국은 육해군장을 반드시 신도식으로 집행하고, 더 나아가 전사자의 공장 일체를 신도식으로 집행하도록 준비해야 한다. 또

우메모토 타다오梅本忠夫 촬영, 「병사의 장례」(도쿄시 도시마구, 연대 불상). 이는 '신도식' 제단으로 보인다.

한 오늘날 전사자의 마을장市町村葬은 대부분 불교식 또는 신불 혼합으로 이루어진다. 이는 근본적으로 황국체가 여전히 심하게 명징하지 못하다는 것을 표시하는 것이고, 당국 자체가 이런 국체명징의 가장 중요한 점을 열심히 하지 않는다는 것을 말해주는 것이다.

가게야마의 결론은 모든 전사자의 장례를 신도식으로 하라는 것이었다. 아직 불교식 또는 신불 혼합식으로 하고 있는 마을장은 국체 명징의 관점에서 정말 무엄하다는 것이다. 메이지 유신 직후의 '폐불훼석廢佛毁釋' 운동의 무서움을 방불케 하지만, 고작 장례를 치르는 방식이라 하더라도 가게야마가 신도식 장례에 쏟은 열정은 정말 대단한 것이다.

아주머니들의 군사 교련

　'대동아전쟁' 과정에서 후방의 여성들을 조직하고 전쟁 수행에 동원한 것이 대일본부인회였다. 1942년에 '애국부인회' '국방부인회' '대일본연합부인회', 이 세 단체가 합동하여 결성한 대일본부인회는 내지와 외지를 합쳐 1,930만 명의 회원(일반적으로 발표된 숫자)을 거느린 일본 사상 최대의 여성 단체이며 대정익찬회大政翼贊会의 산하에서 총력전 체제에 편입되어 '후방'의 신민을 통제하는 조직적 기초를 형성했다.

　'미영 격멸'이라는 구호 아래 대일본부인회의 아주머니들은 출정 병사의 전송을 시작으로 상이 군인이나 군인 유족의 위문, 금속 공출, 절미節米 운동 등 일일이 열거할 수 없을 만큼 다양한 후방 봉공 운동을 했지만, 그중에서도 대단한 것은 '군사 교련'이었다. 군사 교련 자체는 전신인 '국방부인회' 시대부터

《일본부인》 1943년 7월호. 표지에 있는 마크는 '대일본부인회장章'

있었다 하더라도 결전하인 만큼 귀기가 감도는 훈련을 했다.

죽창 여성 부대의 의기 대일본부인회 도쿠시마현 묘자이名西 다카시高志 지부장 반도 타카板東タカ 씨는 자택의 찻물 끓이는 솥을 비롯하여 마당의 학鶴 상에서부터 온갖 금속을 공출하여 모범을 보이는 한편, 개인적으로 돈 5백 엔을 내 청년 학교의 교련용 목총을 구입하여 군에서 감사장을 받았다. 또한 죽창 여성 부대를 결성하는 등 다망한 몸이 가루가 되도록 정신挺身해서 관계자를 감격시켰다.

—《일본부인》1942년 7월호

이런 열렬 애국 아주머니가 등장하니 어쩐지 기분이 나쁘

"건강한 병사의 어머니를 단련하자." 건민운동의 일환으로 총검술 훈련을 하는 치바현 이스미군夷隅郡 나카네무라中根村 시지키부락四堰部落의 주부들. 총검술이라고는 하지만 손에 들고 있는 것은 죽창이다. 《사진주보》 제269호, 1943년 4월 28일

다. '죽창 여성 부대'에 전투 능력이 얼마나 있었는지는 모르겠지만, 아마 참가하지 않으면 '비국민! 일본에서 나가!' 하고 이 아주머니에게 매도당했을 것이다.

미영이 무엇이냐 총검술　대일본부인회 가와사키시 지부에서는 4월 12일부터 15일까지 시내 각 반 3명씩의 희망 회원이 출장하여 미영을 치고야 말리라는 의기가 충만한 총검술 훈련을 받았다. 앞으로도 훈련을 계속하고 언젠가는 급위級位 심사도 받는다고 기세가 등등하다.

—《일본부인》1942년 7월호

가와사키 지부의 아주머니들은 아주 열심이다. 그러고는 약 1년 후의《일본부인》1943년 9월호에 속보가 실렸다.

실탄 사격을 향해 맹훈련　대일본부인회 가와사키시 지부에서는 먼저 총검술 훈련을 실시했지만, 다시 사격 동작 실습을 위해 6월 1일부터 8일까지 하루 2시간씩 맹훈련, 8월에는 실탄 사격을 한다며 힘을 내고 있다.

'훈련에서 돌아온 어머니로부터 화약 연기 냄새가 났다' 같은 광경을 떠올리며 전율했다!

문자의 성전

매년 설날, 단골 슈퍼마켓에서 근처 초등학교 학생들이 새해 들어 처음으로 쓴 붓글씨를 전시한다. 이런 것을 싫어하지 않기 때문에 무의식중에 물끄러미 넋을 잃고 보곤 하는데, 자민당 아베 수상의 시대에 깜짝 놀란 적이 있다. '설날' '연날리기' 같은 늘 쓰는 단어에 섞여 '아름다운 나라' '아름다운 일본'이 등장한 것이다. 누구야, 이런 본보기를 아이에게 준 것은! 얼마 전에는 '구조 개혁' 같은 것이 있어 아주 기겁한 기억도 있다. 마침내 새해 들어 처음으로 쓴 붓글씨를 전시하는 세계에도 슬로건 서도書道가 본격적으로 부활하고 있는 듯하다.

애초에 제5기 국정교과서 『초등과 습자』를 펴서 읽으면 그곳은 슬로건 서도의 원더랜드wonderland였다.

우선 『초등과 습자 1』부터가 "군용견 소년병"이다. 대상은

제5기 국정교과서 국민학교 『초등과 습자』(1941) 중에서

지금의 초등학교 3학년 정도의 학생이다. '군용견'과 '소년병'이 같은 줄에 늘어서 있는 것에는 두 손 들었다. 교사용 해설서에는 "군사軍事와 연관된 교재로 민갓머리(宀) 쓰기의 요령을 알게 하고 세로획(丨)과 八 등의 붓놀림을 습득하게 한다. 더구나 군용견은 군견으로 부르는 것이 옳다. 또한 소년병은 항공병·전차병 등에 채용되고 있다"고 쓸데없이 사소한 것에 대한 지식을 섞어 담담하게 기술되어 있는데, 이 두 가지가 왜 나란히 있는지에 대한 설명은 없다.

다음은 『초등과 습자 2』의 "야스쿠니신사 참배"다. 이번 대상은 초등학교 4학년 정도의 학생이다. '야스쿠니신사'와 '참배' 사이에 '개인으로서'라는 평계를 삽입하면 서도로서의 미는 부서지고 말 것이다.

이어서는 『초등과 습자 4』는 "황국의 흥폐는 이 일전에 달

《소녀구락부》1944년 1월호의 표지

려 있다"다. 이는 지금의 초등학교 6학년 정도의 학생용이다. 러일전쟁의 일본해 해전 때 도고 헤이하치로 연합함대 사령장관이 전군의 사기를 고무하기 위해 Z기旗와 함께 발령한 명문구다. 교사용 해설서에는 "일본해 해전의 역사적 신호에서 취재한 것으로, 해서楷書의 중자中字를 습득하게 한다"는 것이 목표라고 쓰여 있다. 해서 중자라면 다른 글자라도 괜찮았을 텐데, "황국의 흥폐"가 일부러 선택된 것은 역시 '기합이 들어가니까'라는 것이 이유가 아닐까.

슬로건 서도 세계에서 시각적으로 가장 강렬한 것은 《소녀구락부》1944년 1월호의 표지다. 소녀의 미소와 "미영 격멸"의 격차가 견딜 수 없이 구수하다. 내 앞에 있는 것은 오른쪽 윗부분이 찢겨 나갔는데, 원래 거기에는 "결전의 해, 미영을 격멸하자"라는 슬로건이 들어 있다. 역시 언령의 나라인 만큼 소녀가 마음을 담아 "미영 격멸"이라고 선명한 묵흔으로 써 갈기면 그만큼 가미카제 발동도 가까워진다고 생각한 것일까. 참으로 애처로운 일본적 정치 교육의 산물이다.

미국 병사를 쳐죽여라!

1942년부터 1945년까지의 이른바 '결전하'의 여성지는 「필승의 내핍 생활」 「승리의 분발 생활」 「싸우는 육아 생활」 등 특집 제목만 봐도 눈물이 날 정도로 어처구니없는 모습이다. 그중에서도 발군은 《소녀구락부》 1944년 12월호로 특집은 「이것이 적이다! 야수 민족 미국」이다. 흥미로운 기사 내용은 나중에 소개하기로 하고, 그 이상으로 대단한 것이 총 52페이지 중 21페이지에 걸쳐,

> 미국인을 쳐죽여라
> 미국인을 살려두지 마라
> 미국 병사를 쳐죽여라

《주부지우》 1944년 12월호

《주부지우》 1944년 12월호의 전체 홀수 페이지 왼쪽 어깨에 "미국 병사를 쳐죽여라" 슬로건이 인쇄되었다. 이렇게 되면 거의 '저주'에 가깝다.

미국 병사를 살려두지 마라

하는 네 가지 유형의 슬로건이 인쇄되어 있는 점이다. 한 페이지를 넘기면 "……쳐죽여라!", 다음 페이지에는 "……살려두지 마라" 하는 식이다. 여기에는 정말 놀라지 않을 수 없었다. 지면 전체가 이상한 증오와 흥분으로 가득 차 있다. 《주부지우》 편집부의 '저주'와도 비슷한 '쳐죽여라' 슬로건은 패전 직전인 1945년 6월호까지 이어지며, 다양한 변주로 되풀이되었다.

잘 때도 잊지 마라, 미귀 필살!

한 사람이 열 살미귀殺米鬼를 도륙하라!

천황을 분노케 하는 미귀를 쳐부숴라!

부딪처라, 일억의 육탄!

　　　　　　　　　　　　　—《주부지우》1945년 4월호

　전시사 연구가 다카사키 류지高崎隆治에 따르면《주부지우》1944년 12월호는 고서점에서도 입수하기가 아주 어렵다고 한다. 그는 패전 때 주부지우사가 전범 추궁에서 벗어나기 위해 회수하여 소각한 것으로 추측하고 있다.

　아주 직설적인 '살해' 선동을 인쇄하여 '미귀'에 대한 증오를 부추기는 편집 방침은 1944년 10월 6일 각의에서 결정된 '결전 여론 지도 방책 요강決戰與論指導方策要綱'에 기초한 것이었다고 볼 수 있다. 이 요강에서는 "적개심을 세차게 일으키게" 하는 것이 주장되었는데《주부지우》의 '쳐죽여라' 슬로건이 멋지게 그 선봉에 나섰던 것이다.《주부지우》편집부는 '쳐죽여라'만으로는 부족했던 모양이다. 그 호 말미에는 상금 30엔을 걸고 "미귀 절멸을 기하는 일억의 표어를!" 하며 더욱 과격한 표어를 모집했다. 이리하여 "한 사람이 열 살미귀를 도륙하라!" 같은 음울한 표어들이 「불 없는 풍로 만드는 법」이라는 실용 기사에 섞여 지면에 난무하기에 이르렀다.

'야수 민족 미국'

《주부지우》 1944년 12월호 특집은 「야수 민족 미국」이다. 권두의 서명 없는 기사 「이것이 적이다!」에서는 이래도야, 이래도야, 하며 생각나는 한 미국인의 야수 같은 모습을 조목조목 썼다.

피가 뚝뚝 떨어지는 생고기를 기뻐하며 먹는 미국인은 야구, 권투, 자동차 경주 등을 특히 좋아하고, 사망자나 중상을 입은 사람이 나오면 여자는 새된 소리를 지르며 기뻐하고 그 자리에 있는 모든 사람들은 대단히 즐거워하며 떠들어댄다.

간린마루咸臨丸[58]를 타고 처음으로 미국에 간 무사인가, 하고 생각하게 하는 고색창연한 인류학적 관찰이다.

《주부지우》 1944년 12월호의 「독수毒獸 미국 여자」와 「야수 민족 미국」. 제목 짓는 감각이 어쩐지 서커스풍이다.

　　탐욕스럽게도 자기가 더 많은 고기를 먹고 더 좋은 옷을 입고 더 근사한 집에서 살고 더 음란에 빠지기 위해, (……) 온갖 비인도적인 짓을 하며 일본의 목을 계속 조르고……

　미국인에 대해 말할 때 먼저 '고기를 먹는다'로부터 시작하는 점이 흥미롭지만, 이 익명의 필자는 음란 원망願望을 포함하여 자신의 숨겨진 욕망을 쓴 것이 틀림없다.

　더욱 심한 것이 두 번째 서명 없는(또야!) 기사 「적이 뇌까리는 전후 일본 처분안案」이다.

일본 병사의 해골을 전선에서의 기념품으로 책상 위에 장식한 미국 소녀의 '사진'. 상당히 널리 유포되어 대일본제국 신민의 분노를 불러일으켰다. 출처는 "《LIFE》지의 1944년 5월 25일호"라는 설이 있지만 실물은 확인되지 않았다. 《아사히신문》 1944년 8월 11일자에도 같은 사진이 게재되었는데 '베를린 전송'이라고 되어 있다. 상당히 기괴한 사진이다.

일할 수 있는 남자는 노예로서 전부 뉴기니, 보르네오 등의 개척에 쓴다. 여자는 흑인의 아내로 삼는다. 아이는 거세한다. 이리하여 일본인의 핏줄을 끊어라. (……) 일본인의 아이는 불구로 만드는 게 제일이다. 눈을 파내거나 (……) 한쪽 팔이나 한쪽 다리를 자르는 등 온갖 형태의 불구로 만드는 것이다.

누구의 발언인지 하나도 쓰여 있지 않는데도 당시 사람들은 믿었을까, 하고 생각하는 사람은 아직 수행이 부족하다. 실은 우리의 제국 군대가 중국에서 한 일을 정리한 것이니 당시에는 현실성 있게 받아들여졌던 것이다. 여성지인 만큼 전쟁에서 지면 '여자는 강간, 아이는 거세와 구경거리'라고 신국 일본의 정숙한 여성들을 공포로 떨게 하는 아이템이 요소요소에 새겨져 있었다.

전쟁에 민중을 동원하는 최후의 정신적 무기는 '적에 대한 공포'를 반복적으로 주입하는 것이다. 그것에 의해 사이판이나 오키나와 등지에서 수많은 여성들이 미군에 투항하는 것을 두려워하며 스스로 목숨을 끊었던 비극을 생각하면 이런 기사를 써댄 익명의 필자에 대한 분노가 가슴속 깊은 데서 끓어오른다.

결전하의 실전 영작문

《수험과학생》 1942년 2월호, 연구사

전쟁 중 영어는 '적성 언어'로 여겨져 사회에서 모두 추방되었다…… 는 아니었다. 적어도 고등학교 이상의 중·상급 학교의 수험 과목에는 '영어'가 들어 있었고, 1944년에는 국민학교 고등과 준국정교과서인 『고등과 영어』가 간행되었다. 지금이나 옛날이나 많은 수험생들이 '영어' 때문에 고생하는 것은 변함이 없고, 당시의 수험 잡지에는 수험용 영어 강좌에 그에 상응하는 공간이 할애되었다. 그런데 그 수험 영어의 내용이 상당히 높은 수준 또는 어처구니없는 영어였다. 예컨대 (구제舊制) 고등학교 수험용 잡지인《수험과학생》1942년 2월호의「일문 영역의 실력 시험」코너에는 이런 영작문 문제가 게재되었다.

【기본 문제】
- 야마모토 제독은 고래로 드문 해군 무인이다.
- 장기전을 수행하기 위해서는 후방의 우리가 절약해야 한다.

으음, 꽤나 어렵다. 이와 관련하여 두 번째 문제의 해답은,

In order to sustain a protracted warfare, we at the home front must practice economy.

후방은 home front라고 한단다. 이 정도에 놀라서는 안 된다. 수준을 한 단계 더 높이면 이렇다.

【임전 문제】
- 일본의 무인은 칼이 부러지고 화살이 떨어질 때까지 계속 싸운다. 그렇게 되어도 그는 항복해야 할 상황이 오면 차라리

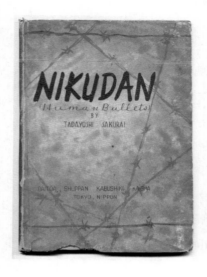

사쿠라이 타다요시桜井忠温의 『육탄 肉彈』을 번역한 『NIKUDAN』(대동아 출판, 1944). 이 책의 발행인은 왕문 사旺文社 사장이었던 아카오 요시오 赤尾好夫라고 되어 있다.

자결한다. 이는 세계에 유례가 없는 야마토다마시이가 있기 때문이다.

전혀 감당할 수가 없다. '야마토다마시이'라니, 뭐라고 번역하면 좋을까? 해답에는 Spirit of Yamato라고 되어 있는데, 그렇게 해서 미영인에게 통할지 심히 의심스럽다.

【필승 문제】

• 일본이 취하고 있는 정책 및 품고 있는 이상은 인류의 공리적 관념을 일소하고 대동아의 옛 조직 대신에 신체제를 통해 세계 각국으로 하여금 제자리를 얻게 하는 것이다.

해답은 이렇다.

The policy that Japan is pursuing and the ideal that she cherishes are to eradicate the utilitarian way of thinking of mankind and to establish in the Greater Asia the new order in place of the old, so that each nation in the world may find its proper place.

때가 때인 만큼 모국어 사용자의 검토는 당연히 받지 않았을 것이고, 이런 진기한 영작문이 '사용되었는지' 어떤지는 알려져 있지 않다.

영어는 일본어다

왕문사의 《형설시대》에 비견되는 젊은이들의 수험 잡지였던 《학생》지의 1943년 11월호에 「영어 학습상의 마음가짐」이라는 글이 실려 있다. 저자는 사토 마사하루佐藤正治 도쿄문리과대학 강사다. 영어 선생님이었던 모양이다. 지금은 미영과의 전쟁하에 있지만 영어는 단단히 공부해놓으라는 것이 이 글의 주지다. 그런데 아무래도 상황이 이상하다. 기사를 잘 읽어보면 제국주의 냄새가 꽤 강한 어처구니없는 명문이다.

영어는 일본어다. 우리 대일본제국의 세력권 안에서 통용되는 영어는 확실히 일본어의 한 방언이다. 따라서 우리는 오늘 이후 국어의 일부로서 당연히 영어를 배워야 하는 것이다.

'대동아전쟁' 발발 후에도 초심자용 영어 잡지가 나왔다. 사진은 《초급영어》 1942년 10월호, 연구사

　"영어는 일본어다?!"라니, 뭐라고! 요컨대 대동아공영권 내에서 통용되는 언어는 모두 '일본어의 한 방언'이라고 하면 영어도 '일본어'가 아니겠는가, 하는 대단히 견강부회적인 학설이다. 오오, 우리 황국의 품은 얼마나 넓단 말인가!

　물론 당시의 영어 교육자는 귀축미영의 국가적 슬로건하에서 필시 주눅이 들었을 거라는 것은 상상하기 어렵지 않다.

　그런데도 여전히 '적성어'라는 이유로 영어를 배격하려는 자가 세상에 끊이지 않는 것은 국가를 위해 우려할 만한 현상이라고 하지 않을 수 없다.

懸賞英習字の手本
(締切 十月廿五日)

Step by step one goes far.

ハガキ又は同大の厚紙に墨汁で(インキはいけません)ペンで一行に書くこと,手本より少し大きく願ひます。優秀な作は誌上に発表して賞品を進呈します。

《초급 영어》에는 「현상 영어 습자」 기획도 있었다. '영어 습자'라고 해도 필기체로 예쁘게 쓰는 것인데, 꽤 인기 있는 기획이었던 모양이다.

이처럼 영어 배척론자에게 대항하기 위해서는 편파적인 언어국수주의를 넘어서는, '대동아공영권'에 어울리는 제국주의적 글로벌리즘 이론으로 대항할 수밖에 없었을 것이다.

내가 보는 바로는 영어는 물론이고 프랑스, 독일, 이탈리아, 네덜란드, 중국, 소련, 스페인, 포르투갈, 태국, 버마, 인도 등 여러 국어는 모두 일본어의 방언이니 우리 일본인은 당연히 그것들을 학습할 필요와 의무가 있다는 것을 명심하고 절대 잊어서는 안 될 것이다.

으악! 세계의 거의 모든 언어를 '일본어의 방언'으로 만들었다! 무시무시한 '대동아공영권'!

수수께끼의 〈결전 본오도리〉

1943년 8월 13일의 《아사히신문》에 대동아레코드(폴리도르Polydor 레코드에서 사명을 변경)에서 새로 나온 음반 광고가 실렸다. 1943년 8월이라고 하면 그해 4월에 야마모토 이소로쿠 장관이 전사, 6월에는 애투섬 수비대가 옥쇄, 7월에는 이탈리아의 무솔리니가 바돌리오 정권에 체포되어 감금되는 등 시국이 상당히 험악한 분위기로 충만하기 시작한 무렵이다. 그런 시기에도 레코드는 나름대로 만들어졌고, 그중에는 이런 제목의 진기한 곡이 섞여 있었다.

〈결전 본오도리〉[59]라는 제목이다. 이게 뭔가.

대체 어떤 곡이었을까. 이건 반드시 실물을 보고 싶어 이리저리 수소문해보았지만 아무리 찾아도 발견되지 않았다. 작사 에자키 쇼슈江崎小秋, 작곡 이다 케이오飯田景應, 노래 산초메

대동아(구 폴리도르)레코드의 〈결전 본오도리〉
광고. 《아사히신문》 1943년 8월 13일자

후미오三丁目文夫·소메치
요染千代[60]라는 것까지는
그럭저럭 알아냈지만, 거
기서 한 발짝도 더 나아가
지 못했다. 일본음악저작
권협회JASRAC에도 문의
했지만 등록되어 있지 않
았다. 이제 다 틀렸다.

작사가인 에자키 쇼슈
는 "아동의 정조 교육을
저해하는 군가가 우선인
학교 교육의 편협함에 대
한 개혁을 위해" 1927년에 '일본불교동요협회'를 설립한 시인
이다. 우경화하는 쇼와 초기의 세상에 맞서 '불교 동요'(!), '찬
불가'의 세계를 개척한 위대한 인물이었다. 그의 다른 곡들을
보자.

〈소녀 본오도리〉(좋아!)
〈염주를 잊어먹은 모든 걸 다 바치는 사람〉(?)
〈유아 혼 축제〉(??)
〈피안회 찬가〉(오오, 불교 찬송가!)

대동아 교향악단의 '승리를 위한 대연주회'(1944년 6월 23일) 프로그램에 인쇄된 영화 〈미영 격멸의 노래〉(쇼치쿠松竹)의 광고

　여기에서도 짐작되는바 '대동아전쟁'의 무게에 그의 뜻도 뭉개지고 말았는지 희대의 진기한 곡 〈결전 본오도리〉를 써야만 했던 그의 심중을 생각하면 눈물이 복받치는 점이 있다. 와타나베 아키노부渡邊顯信의 「'불교 찬가의 현 상황' 하나의 시점'佛教讃歌の現状' 1つの視点」(《진종음真宗音문화연구》 창간호)에 따르면 "1945년 5월 25일 밤, 몇 번의 도쿄 대공습으로 에자키는 불에 타 죽었다. 시신은 어디론가 사라져 발견되지 않았다고 한다"라고 남아 있다. 그것이 에자키의 최후였다고 한다. 〈결전 본오도리〉가 후세에 전해진 것이 좋은 건지 어떤 건지, 작자가 어떻게 생각했는지 이제 아무도 알 수 없다.

저자 후기

2000년에 "일본은 천황을 중심으로 한 신의 나라다"라는 모리 요시오森喜朗 수상(당시)의 발언을 들었을 때 저는 충격을 받았습니다. 전후 60년 가까이 지나도 "일본은 좋은 나라, 강한 나라, 세계에 하나뿐인 신의 나라"라는 수신 교과서 『착한 어린이』(하)(국민학교 초등과 2학년생용)의 한 구절을 아직도 신봉하고 있는 사람이 있구나, 하고 깜짝 놀랐던 것입니다. 모리 씨는 1944년 4월에 국민학교에 입학했으니 『착한 어린이』 교과서로 배운 것은 분명하겠지요. 그러나 모리 씨만이 아니라 '새로운 역사 교과서를 만드는 모임' 주변이나 내각 총리대신의 야스쿠니신사 참배를 둘러싼 논조를 보면 '일본은 신의 나라'라고 믿고 있는 사람, 또는 믿고 싶어 하는 사람이 예상 외로 많다는 데 놀랐습니다.

이러한 논조에 공통되는 핵심어는 '일본인은 긍지를 되찾아라'였습니다.

그들에 따르면 일본인이 '긍지를 갖고 있었던' 것은 GHQ의 지배와 도쿄 재판에 의해 일본의 전통적 정신이 완전히 파괴되기 이전, 다시 말해 '전전' '전중'의 시대에 있었다고 합니다. 그런데 '일본은 침략 전쟁을 하지 않았다' '일본은 좋은 나라였다'고 자신만만하게 주장한 전 항공 막료장 다모가미 토시오 씨는 1948년생이니 실제 '전전' '전중'을 체험한 세대가 아닙니다. 그런데도 뭘 가지고 그 무렵의 일본인은 '긍지를 갖고 있었다'고 단언할 수 있을까요.

전후에 태어난 그들은 일본의 '전전' '전중' 시대는 일본인의 잃어버린 이상향이라고 생각하는 것 같습니다. 국민이 모두 천황에게 경외심을 갖고 '히노마루·기미가요'를 존중하며 "일단 유사시에는 의용義勇으로 봉공奉公함으로써 천양무궁의 황운皇運을 지켜야 한다"는 교육칙어의 정수가 주입된 유토피아······

그렇다면 당시 사람들이 어떤 의식을 갖고 어떤 생활을 했을까, 이렇게 생각하며 '대동아전쟁' 속의 여성 잡지를 중심으로 1930년대부터 패전에 걸친 후방의 전의 앙양 선동을 수집하고 관찰하기 시작했습니다.

당시 출판된 잡지나 팸플릿 등을 실제로 보면, 당시의 저널리즘이나 편집자들의 모습이 떠올라 애처로운 마음에 휩싸입니다. 국가권력·정보국에 의한 엄격한 언론 통제에 구속되어 있었던 점도 있겠지요. 그러나 그들 자신도 적극적으로 침략 전쟁 이데올로기의 선두에 서서 대일본제국의 홍보 담당자로서의 역할을 하고 있었던 것은 아니었을까요. 예컨대 '여학교 시대의 낡은 블라우스를 재생한' 옷에 왜 "결전형 블라우스"라는 이름을 붙여야만 했을까요. 왜 〈결전 본오도리〉 같은 기괴한 레코드를 제작했을까요.

이런 여론 유도적인 '속임수'나 시국 영합적인 자세는 특별히 당시에 한정된 일이 아니라 오늘날에도 거대 미디어 산업이나 광고 대리점 등을 통해 되풀이되고 있다고 말하지 않을 수 없습니다. 바로 '스펙터클 사회'에 사는 우리에게 아직 총동원 체제는 끝나지 않았다는 것을 뼈저리게 느낍니다. 바로 그렇기 때문에 전시의 그런 담론을 구석구석 관찰하고 검토해서 평가를 내리는 작업을 계속할 필요가 있다고 생각합니다.

「황국 어처구니없는 책」이라는 제목의 잡지 연재를 시작한 것은 2004년이었습니다. 이후 여러 잡지에 조금씩 써온 것을 모은 것이 이 책입니다. 계간 《중귀련中帰連》[61]의 편집장 구마가이 신이치로 씨, 야마나카 히사시 씨, 그리고 이 책을 몇 년에 걸쳐 한 권의 책으로 묶어준 합동출판合同出版 편집부의 야오 히로유키 씨에게 깊이 감사드립니다.

주

1 1940년 10월 12일부터 1945년 6월 13일까지 존재했던 일본제국의 관제 국민통합 단일 기구이다.

2 이 책에서는 전쟁의 성격 및 지역에 입각하여 태평양전쟁을 '대동아전쟁'이라는 호칭으로 사용했다.(−필자 주)

3 포르투갈어 carta에서 온 말이다. 작은 직사각형의 두꺼운 종이에 여러 가지 그림, 시구, 단가 등을 적고 그림에 맞는 글귀를 먼저 찾아내는 게임을 한다. 이로하イロハ는 우리말의 '가나다'에 해당한다. 여기서는 이イ로 시작하는 카드에 "이세의 가미카제 적국 항복"이라고 쓰여 있고 거기에 맞는 그림이 그려져 있다. 이것이 한 쌍이다.

4 신사 입구에 세우는 기둥 문.

5 여기서 부인婦人은 결혼과 상관없이 일반적인 여성을 가리킨다.(우리말의 부인은 결혼한 여성으로 한정된다.) 그래서 고유명사가 아닌 경우에는 여성으로 번역했다.

6 구락부는 클럽club의 일본식 음역어다. 고유명사이므로 그대로 쓴다.

7 힘을 모아 돕는 것, 즉 천황의 정치를 보좌한다는 뜻이다.

8 물건도 100년이 지나면 거기에 깃든다고 하는 정령.

9 하늘과 땅처럼 영원하고 무궁하다.

10 천지 사방을 하나의 지붕으로 덮는다.

11 유아遺兒의 사전적인 의미는 '부모가 죽고 남겨진 아이'라는 뜻이다. 이렇다면 '고아'라고 해도 될 것 같으나 다다음 항목 '야스쿠니 유아의 가난 미담'(41쪽)을 보면 아버지가 전사하고 어머니와 함께 살고 있는 아이를 유아라고 하고 있다. 그렇다면 부모 중 한 사람이 죽고 남겨진 아이라는 뜻이 되어 '고아'와는 달라진다. 따라서 그대로 '유아'라고 할 수밖에 없는 것 같다.

12 신사에서 배례하기 위해 본전 앞에 세운 건물.

13 일본 옷의 겉에 입는 주름이 잡힌 하의.

14 일본 본토를 말한다.

15 『戦争がつくる女性像』, 筑摩書房, 1995. p. 172.

16 설화를 바탕으로 한 모리 오가이森鴎外의 소설 제목이자 작중인물. 인신매매범의 손에 걸려 어머니와 헤어지게 된 즈시오와 안즈 오누이는 호족 산쇼다유에게 팔려가 노예처럼 혹사당하다 나중에 탈출하여 어머니와 재회한다는 내용이다.

17 공군 참모총장에 해당하는 지위.

18 상어는 척추동물 중에서 체중과 뇌의 중량 비율이 가장 작은 동물이라고 한다. '신의 나라' 등 실언만 하고 제대로 된 일을 하지 못했던 모리 전 수상이 들었던 욕으로 유명하다.

19 일본 민족 고유의 정신이라는, 일본인이 가진 상냥하고 부드러운 심정을 말한다.

20 일본 황실의 조상이라는 해의 여신.

21 영묘한 빛, 즉 은덕을 말한다.

22 조정의 적을 칠 때 관군의 표시로서 해와 달을 금은으로 수놓은 붉은 비단 깃발.

23 아마테라스오미카미가 황손 니니기노미코토瓊瓊杵尊를 일본에 내려

보낼 때 일본 황실의 세 가지 신기神器의 하나인 거울八咫鏡과 함께 내렸다고 하는 말.

24 문장에서 경의를 표해야 할 단어가 나올 때 줄을 바꾸고 다른 줄보다 몇 자 내서 쓰는 일.

25 평이한 시를 독특한 서체로 쓴 작품으로 유명하다.

26 군함 등에서 시각을 알리는 종을 치는 병사.

27 지금의 고등학교가 아니라 대학 교양학부에 해당하는 교육 기관이다. 제국대학의 예비 교육을 담당했으며 거의 무시험으로 제국대학 입학 이 보장된 엘리트 학교였다.

28 『일본서기』에 나오는 말로 견고한 대지를 만들고 사람이 생활을 영위 할 수 있는 국토를 창성한다는 뜻이다.

29 일본 민족 고유의 정신으로, 용맹하고 떳떳한 것을 그 특성으로 한다.

30 1피컬picul은 약 60킬로그램이다.

31 1941년 제2차세계대전 중 일본에서 활약하며 소련에 중대 정보를 제 공한 스파이 사건이다. 주일 독일 대사관 고문인 리하르트 조르게가 코민테른의 지령으로 일본의 군사 기밀, 국내 정세, 대소전對蘇戰 가 능성 등을 탐지하여 소련에 알리다 체포되어 처형되었다.

32 제2차세계대전 당시 국민을 통제하기 위해 만든 최말단의 지역 조직.

33 1999년부터 2012년 10월까지 도쿄 도지사를 지냈던 이시하라 신타 로石原愼太郎를 말한다. 특공 영화는 이시하라 신타로가 제작, 극본, 감독을 맡은 〈나는 너를 위해 죽으러 간다おれは君のためにこそ死に 行く〉(2007)이다.

34 일본의 헌법학자 미노베 타츠키치美濃部達吉가 주장한 헌법학설로, 독일의 법학자 옐리네크의 국가법인설에 따라 천황이 국가 통치권의 주체임을 부정하고 통치권은 법인인 국가에 속하며 천황은 그 최고 기 관으로서 통치권을 행사할 뿐이라는 주장이다. 이 학설은 일본의 군국 주의화가 심화되는 과정에서 '국체' 즉 천황을 중심으로 한 국가 체제 에 반한다는 이유로 그의 저작물들이 출간 금지를 당하는 등의 배격을

당했는데 이것이 천황기관설 사건(1935)이다.

35 일본의 건국 기념일로 진무 천황이 즉위했다고 하는 날.

36 메이지 중기, 부채의 이자 감면 등을 요구하며 소동을 일으킨 농민 조직.

37 해방 이전에 재일조선인용으로 만들어진 관제 단체. 전쟁이 격화함에 따라 재일조선인이 많아지고 또 강제 연행이 시작된 1939년 전국의 모든 도도부현都道府県에 결성되었다. 동원(강제) 연행 노동자를 포함하여 일본에 있는 조선인 모두를 회원으로 한 조직으로, 모든 회원에게 지니고 다닐 것이 의무화된 것이 '협화회 회원장'이었다.

38 제2차세계대전 중에 국가에 의한 공공사업의 관리와 통제를 위해 설립된 기업 형태의 하나로, 주택영단住宅営団, 식량영단食糧営団, 농지개발영단農地開発営団 등이 있었다.

39 메이지유신에서 중요한 역할을 하여 수많은 젊은이에게 사상적 영향을 준 요시다 쇼인吉田松陰의 이름에서 땄을 것이다.

40 특정한 말이나 언어 사용을 금하는 사회적 규제를 부정적으로 표현한 말.

41 우메보시(매실장아찌) 모양의 사탕.

42 일본 떡을 길이 2~3센티미터, 두께 5밀리미터 정도로 작게 잘라서 볶아 만든 과자.

43 남성의 음부를 가리기 위한 폭이 좁고 긴 천.

44 '가치かち'는 승리라는 뜻이다. 일본의 전래동화에 「가치카치야마(딱딱산)」가 있다.

45 눈이 하나뿐인 너구리는 일본어로 '가타메노타누키かためのたぬき'다. 그런데 '타누키たぬき'는 너구리라는 뜻이지만, '타た 빼기ぬき'라고 나눌 수도 있다. 그래서 '가타메かため'에서 타た를 빼면 '카메かめ'가 되는데 이는 거북이라는 뜻이다. 그리고 거북은 잠수함과 닮았다.

46 いつはり(いつわり의 고어 형태)는 거짓말이라는 뜻인데, 이츠いつ는 5, 하리はり는 바늘이라는 뜻이다.

47 설날 신불 앞에 크고 작은 두 개를 포개어 차려놓는 둥글납작한 떡. 예전의 거울 모양을 닮아서 이런 이름이 붙었고, 딱딱해진 떡은 나중에 구워서 먹는다.

48 와(環, 고리) + 타(田, 밭) + 쿠시(櫛, 빗) + 타(田, 밭) + ち + 모(藻, 해초) + 하타(旗, 깃발) + 라(집의 편안함을 보여주는 라쿠[樂]의 라) + 키(木, 나무) + 마스(升, 되). 와타쿠시타치모하타라키마스(わたくしたちもはたらきます : 저희도 일하겠습니다).

49 중국의 북부 지방, 즉 화베이華北 지방을 말한다.

50 전시에 발행된 우편 저축 수표의 통칭.

51 저소득층의 구제 등 지역의 사회 복지 사업을 목적으로 활동하는 명예직 위원.

52 일본이 전쟁 중에 행한 대인도 공작의 실행 기관.

53 신의 나라, 즉 일본을 말한다.

54 일본 옷의 겉에 입는 주름 잡힌 하의, 하오리와 함께 예복으로 입는다.

55 신도의 제사에 이용되는 축사의 하나다.

56 악인, 악법을 위력, 설법, 기도로 꺾어 불법을 따르게 하는 일.

57 후지코 F. 후지오의 만화 및 애니메이션 작품 『도라에몽』에 등장하는 가공의 인물 고다 타케시剛田武.

58 1860년 일본인이 조종하여 처음으로 태평양을 횡단한 에도 막부의 군함.

59 우리의 추석쯤에 해당하는 우란분재盂蘭盆齋인 7월 13일부터 16일(현재는 8월 15일이 일반적이다)에 걸쳐 혼을 맞이하여 달래기 위해 여러 사람이 노래에 맞춰 추는 춤.

60 아사쿠사 소메치요浅草染千代를 말함.

61 중국귀환자연락회中国帰還者連絡会의 약칭.

옮긴이의 말

　내가 태어나고 자란 환경은 조선 후기와 그다지 다르지 않았다. 5학년 때까지는. 아궁이에 나무를 뗐고 등잔불을 켰으며 거래는 대부분 물물거래였다. 다른 거라면 국민학교를 다닐 수 있었다는 것, 검정 고무신을 신었으며 머리를 빡빡 깎았다는 것 정도일 것이다. 1974년 영부인 육영수가 피살당했다는 소식을 전해들은 하교길, 그 이듬해에 전기가 들어왔고 형광등과 텔레비전이 안방에 자리를 잡으며 조선이 물러나자 우마차가 사라지고 버스가 나타났으며 나는 드디어 기차를 타고 다른 시대에 들어설 수 있었다. 그 이후로 내 시간은 엄청나게 빨리 흘렀고 대학에 들어가며 가까스로 숨 가쁜 시대를 따라잡을 수 있었다. 그러니 지난 100년의 시간은 찰리 채플린의 무성영화처럼 빨리 흘러 내 10년이 되었다.

이 책을 보며 그다지 놀라지 않았다. 아니, 놀라지 않았다는 게 오히려 놀라웠다. 패전 직전 상황이 아니라면 대체로 그 분위기는 1970년대에 내가 경험한 것들과 그다지 다르지 않아서였는지도 모른다. 어차피 이 책의 내용도 당시의 비교적 평온한 여백은 지워졌을 테니 내가 1970년대에 경험한 것들 중 그 여백을 지우고 가장 자극적인 것들만 모아놓는다면 이와 별반 다르지 않을 것 같았기 때문이다. 다시 말해 우리의 1970년대를 이런 자료로 재구성해놓으면 다른 점보다는 오히려 유사한 점이 훨씬 더 많을 것이기 때문이다. 그저 대상 (적)이 다를 뿐이었다. 요컨대 일본의 1940년 전후와 우리의 1970년 전후, 그리고 북한은 많이 닮았다. 글씨체도, 그림도 왜 그렇게 비슷한지. 그렇다면 그건 어떤 국가의 문제가 아니라 조건의 문제, 사회의 문제, 인간의 문제일지도 모른다.

내가 기억하는 1970년대는 이런 것들이다. 분식 장려와 도시락 검사(보리가 절반쯤 섞여 있어야 했다), 새벽에 동네에서 하던 집단 체조와 도장 받기, 일요일이면 집단적으로 해야 하는 마을 청소, 울력(한 집당 한 사람씩 나와야 했다)이라 불렸던 어른들의 노력 동원, 농번기의 노력 봉사(보리 베기, 모내기, 풀베기 등), 줄맞춰서 등하교하기(줄맞춰 하교하기는 토요일만 했다), 반공웅변 대회(돌멩이를 준비했다가 바닥으로 내던지며 온갖 분노의 말들을 내뱉으며 북한에 대한 증오를 증명해야 했다. 이를 보는 어른들은 얼마나 민망했을까), 반공포스터 그리기(남북한 지도에 철조망을 그리고 붉은 북쪽에서 발톱이 파란 남쪽을 집어삼키듯이 내려오는 그림, 지역을 막론하고 이런 그림이 공통되었다는 것을 알고 놀라웠다). '신고하여 애국하고 자수하여 행복 찾자', '간첩 잡는 아빠 되고 신고하는 엄마 되자'와 같은 판에 박힌 반공표어 짓기, 무슨무슨 강조 주간 리본 달기(불조심, 반공방첩 등), 반공영화 단체 관람(간첩은 항상 검은 선글라스를 쓰고 나왔고 접선 장소는 대개 부두였다), 방공방첩, 공산당을 찢어죽이자, '때려잡자 공산당, 무찌르자 김일성', '의심나면 다시 보고 수상하면 신고하자', 곳곳에 붉은 글씨로 난무하는 자극적인 표어들, 간첩 식별 요령(새벽에 젖은 신발로 산에서 내려오는 사람, 낯선 말투로 길을 물어보는 사람 등등), 체육 시간은 늘 제식 훈련(분대장, 소대장 등의 군대식 이름과 사열과 분열), 교무실에 들어갈 때도 '몇 학년 몇 반 누구, 교무실에 용무가 있어 왔습니다. 들어가도 좋습니까?, 라는 식의 군대식 예절. 그리고 그 흔한 폭력들. 아이들 사이에서도 그대로 반복되었던 사회의 폭력.

그 10년의 세월은 뭔가를 증오하고, 그 증오를 증명함으로써 자신을 세워야 하는 시간이었다. 잠깐 사라지는 것 같기도 했으나 여전히 그 흔적은 우리 사회를 강력하게 지배하고 있다. 그리고 그 시절을 그리워하는 사람도 있다. 그 시절의 어린 자신을, 그 시절을 함께 보냈던 사람과 장소를 그리워할 수는 있다. 하지만 놀랍게도 그 시절이 정말 좋았다고 생각하는 사람도 의외로 많은 것 같다. 그럴 때 나는 오싹한다.

이 책의 저자는 2000년에 "일본은 천황을 중심으로 한 신의 나라다"라는 모리 요시로 수상의 발언을 들었을 때, 전후 60년 가까이 지나도 "일본은 좋은 나라, 강한 나라, 세계에 하나뿐인 신의 나라"라는 말을 신봉하는 사람이 있구나, 해서 깜짝 놀랐다고 한다. 그리고 우리의 공군 참모총장에 해당하는 일본 항공자위대 막료장 다모가미 토시오가 '일본은 침략 전쟁을 하지 않았다' '일본은 좋은 나라였다'고 자신만만하게 주장하는 것 등을 보고 '일본은 신의 나라'라고 믿는 사람, 또는 믿고 싶어 하는 사람이 예상 외로 많다는 데 놀랐다고 한다.

그들의 핵심 주장은 '일본인은 긍지를 되찾아야 한다'는 것이다. 그들에 따르면 일본인이 '긍지를 갖고 있었던' 것은 GHQ의 지배와 도쿄 재판에 의해 일본의 전통적인 정신이 완전히 파괴되기 이전, 다시 말해 '전전' '전중'의 시대라고 한다. 일본의 '전전' '전중' 시대는 일본인의 잃어버린 이상향이라는 것이다.

1995년경 '자학사관의 극복'을 내세운 역사수정주의 운동에서 시작된 이런 움직임은 지금의 일본 총리 아베가 내세우는 '일본을 되찾자'라는 슬로건으로 이어진다. 그리고 그것이

내부적으로는 애국심 강조, 외부적으로는 한국에 대한 혐오 등으로 나타나고 있다. 우리 또한 대상이 다를 뿐 똑같은 길을 걷고 있다. 뭔가를 혐오하는 힘으로 구성된 공동체만큼 끔찍한 것도 없다.

마르쿠제가 『에로스와 문명』에서 했던 말(유종호의 『나의 해방 전후에서』에서 재인용)을 인용한다. "지나간 고난을 잊어버린다는 것은 그 고난을 야기했던 힘들을 무찌르지 않고 잊어버리는 것이다. 시간이 지나면서 치유되는 상처는 또한 독을 품고 있는 상처이기도 하다. 이러한 시간에의 항복에 대항해서 해방의 수단으로서의 기억을 복권시키는 것은 사상의 가장 숭고한 소임이다."

옮긴이

옮긴이 | 송태욱

연세대학교 국어국문학과를 졸업하고 동대학원에서 문학박사 학위를 받았다. 도쿄외국어
대학교 연구원을 지냈으며, 현재 연세대학교에서 강의하며 번역을 하고 있다. 지은 책으로
『르네상스인 김승옥』(공저)이 있고, 옮긴 책으로는 『아쿠타가와 류노스케 선집』, 덴도 아
라타의 『환희의 아이』, 미야모토 테루의 『환상의 빛』, 오에 겐자부로의 『말의 정의』, 히가
시노 게이고의 『사명과 영혼의 경계』, 다니자키 준이치로의 『세설』, 사사키 아타루의 『잘
라라, 기도하는 그 손을』, 가라타니 고진의 『일본 정신의 기원』 『트랜스크리틱』 『탐구』, 시
오노 나나미의 『십자군 이야기』, 강상중의 『살아야 하는 이유』, 미야자키 하야오의 『책으
로 가는 문』 등이 있으며, 나쓰메 소세키 소설 전집을 번역했다.

신국 일본의 어처구니없는 결전 생활

초판 1쇄 발행 2019년 9월 10일

지은이 하야카와 타다노리
옮긴이 송태욱

펴낸곳 서커스출판상회
주소 서울 마포구 월드컵북로 400 5층 24호(상암동, 문화콘텐츠센터)
전화번호 02-3153-1311
팩스 02-3153-2903
전자우편 rigolo@hanmail.net
출판등록 2015년 1월 2일(제2015-000002호)

ISBN 979-11-87295-39-6 03910

이 도서의 국립중앙도서관 출판예정도서목록(CIP)은 서지정보유통지원시스템 홈페이지(http://seoji.nl.go.kr)와
국가자료공동목록시스템(http://www.nl.go.kr/kolisnet)에서 이용하실 수 있습니다.
(CIP제어번호: CIP2019032200)